山东馆藏文物精品大系

青铜器卷

山东省文物考古研究院　编

肆

春秋篇

科学出版社

北　京

图书在版编目（CIP）数据

山东馆藏文物精品大系. 青铜器卷 : 全6册 / 山东省文物考古研究院编. -- 北京 : 科学出版社, 2024. 9. -- ISBN 978-7-03-079541-0

Ⅰ. K872.520.2；K876.412

中国国家版本馆CIP数据核字第2024MB5447号

责任编辑：王琳玮／责任校对：邹慧卿

责任印制：肖　兴／书籍设计：北京美光设计制版有限公司

科学出版社 出版

北京东黄城根北街16号

邮政编码：100717

http://www.sciencep.com

北京华联印刷有限公司印刷

科学出版社发行　各地新华书店经销

*

2024年9月第　一　版　开本：889×1194　1/16

2024年9月第一次印刷　印张：118

字数：3 400 000

定价：2980.00元（全六册）

（如有印装质量问题，我社负责调换）

编委会

参编人员 （按照姓氏笔画排序）

丁一斐	丁露刚	于 勇	于法霖	万 菲	王 青	王 欣	王 勃	王 勇
王 敏	王 焕	王 滨	王 磊	王冬梅	王忠保	王相臣	王树栋	王昱茜
王倩倩	王淑芹	王新刚	王新华	王德明	尹传亮	尹秀娇	尹继亮	邓庆猛
史本恒	曲 涛	吕宜乐	任庆山	任妮娜	刘云涛	刘安鲁	刘好鑫	刘丽丽
刘洪波	刘鸿亮	齐向阳	衣可红	衣同娟	汲斌斌	阮 浩	孙 威	孙全利
孙名昌	孙建平	牟文秀	闫 鑫	苏 琪	苏建军	李 娟	李 晶	李 斌
李秀兰	李林璘	李建平	李顺华	李祖敏	李爱山	李景法	李翠霞	李慧竹
杨昌伟	杨晓达	杨海燕	杨淑香	杨锡开	肖守强	何绪军	宋少辉	宋文婷
张文存	张世林	张伟伟	张仲坤	张英军	张春明	张爱敏	张婷婷	张慧敏
陈 魁	陈元耿	陈晓丽	陈翠芬	昌秀芳	金爱民	周 丽	周 坤	郑建芳
郑德平	房 振	赵 娟	赵孟坤	赵常宝	胡 冰	胡可佳	柳建明	柳香奎
侯 霞	姜 丰	袁晓梅	耿 波	聂瑞安	徐义永	徐吉峰	徐倩倩	奚 栋
高 雷	郭 立	郭公仕	郭贤坤	桑声明	曹胜男	崔永胜	崔胜利	鹿秀美
阎 虹	梁 信	董 艺	董 涛	韩升伟	程 红	程 迪	傅吉峰	蔡亚非
颜伟明	潘雅卉	燕晴山	穆红梅	魏 萍				

参编单位

山东省文物考古研究院	山东博物馆	山东大学博物馆
孔子博物馆	济南市博物馆	济南市考古研究院
济南市长清区博物馆	济南市章丘区博物馆	济南市济阳区博物馆
济南市莱芜区博物馆	平阴县博物馆	青岛市博物馆
青岛市黄岛区博物馆	莱西市博物馆	胶州市博物馆
平度市博物馆	淄博市博物馆	齐文化博物院
临淄区文物考古研究所	桓台博物馆	沂源博物馆
枣庄市博物馆	滕州市博物馆	东营市历史博物馆
烟台市博物馆	海阳市博物馆	莱州市博物馆
蓬莱阁景区管理服务中心	栖霞市牟氏庄园管理服务中心	龙口市博物馆
长岛海洋生态文明综合试验区博物馆	招远市博物馆	潍坊市博物馆
潍坊市寒亭区博物馆	安丘市博物馆	昌乐县博物馆
昌邑市博物馆	高密市博物馆	临朐县博物馆
青州市博物馆	寿光市博物馆	诸城市博物馆
济宁市博物馆	济宁市兖州区博物馆	泗水县文物保护中心
嘉祥县文物旅游服务中心	邹城市文物保护中心（邹城博物馆）	
泰安市博物馆	新泰市博物馆	宁阳县博物馆
肥城市博物馆	威海市博物馆	荣成博物馆
日照市博物馆	五莲县博物馆	莒州博物馆
临沂市博物馆	费县博物馆	蒙阴县文物保护中心
莒南县博物馆	兰陵县博物馆	平邑县博物馆
沂南县博物馆	沂水县博物馆	郯城县博物馆
菏泽市博物馆	巨野县博物馆	成武县博物馆
惠民县博物馆	邹平市博物馆	阳信县博物馆

凡　例

1.《山东馆藏文物精品大系·青铜器卷》为"山东文物大系"系列的组成部分，共六卷。第一卷：夏商篇；第二卷：西周篇；第三、第四卷：春秋篇；第五卷：战国篇；第六卷：秦汉篇。

2.本书所选器物，均由山东省内各文物收藏单位、考古机构提供，再由编者遴选。以出土器物为主，兼顾传世品；突出考古学文化代表性，兼顾艺术特色。所收资料截至2022年。所收照片、拓片除了各文物收藏单位提供的之外，有较多数量文物是编著单位专门到各收藏单位重新拍摄、拓取的；器物描述多数也经过编者的修改。

3.文物的出土地点尽量标注出当时的出土地点名称及现今的行政区划，可以具体到小地点的，使用最小地点名称。一些早年出土的文物，现在无法确定行政单位的，按照各收藏单位早年登记的地点。

4.文物的收藏单位以文物的实际所有单位为准。

5.关于器物的编辑排序、定名、时代等的说明。

编辑排序：首先，按照时代排序：岳石、商、西周、春秋、战国、秦、西汉、新莽、东汉。其次，在按时代排序的基础上，按器类排序：容器、乐器、兵器、车马器、工具、度量衡及其他等。每一卷的器物顺序参考《中国出土青铜器全集》，每一类器物的顺序也是按照时代排列，如果某种器物数量较多，先分类，每一类也是按照时代顺序排列。

定名：仅列器物名称，不加纹饰、铭文等。

器物有铭文或者纹饰的，尽量用照片和拓片表现，文字说明为辅助。

成组的器物根据器物的保存状况尽量成套展示。

目　录

鈚 | 春秋

1981年曲阜县（现曲阜市）林前村墓地出土

现藏山东省文物考古研究院

通高26.8、通宽15.8、口径7.8×6.2、底径10×7.5厘米

开口圆角长方形。微敞口，短束颈，溜肩，长深腹，腹部横截面为椭圆形，平底，底亦为圆角长方形，肩部有对称环耳，下腹部一侧亦有一环形纽。上腹部、下腹部各有一周纹饰带，每个纹饰带分别有四个独立的纹饰单元，正背面各两个组成。上腹部的纹饰单元内是两个龙纹并列排列，每个龙纹为双首共用一个龙身。下腹部的纹饰单元为左侧一个双龙首共用一个龙身，右侧为一个凤、一个龙，尾部缠绕。

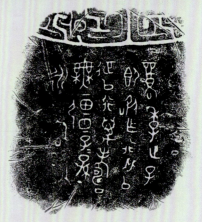

铊 | 春秋
2022年淄博市临淄区西孙墓地M7出土
（M7：6）
现藏临淄区文物考古研究所
通高24、口径11.6×8.6、底径11.6×7.4厘米

横截面呈椭圆形。侈口，束颈，溜肩，鼓腹，平底，肩部及腹下部两侧都有对称的两竖环耳。肩部两耳位置饰一周四组窃曲纹。腹部有铭文："丽季之子即咎乍行比，以征以行，万寿无疆子子孙孙永宝用。"

铋 │ 春秋

2004年成武县文亭山遗址出土

现藏成武县博物馆

通高26.6、口径11.1×9.7、

底径12.3×9.7厘米

　　口、底呈圆角长方形，器腹横剖面为椭圆形。微敞口，束颈较长，深鼓腹，平底微凹，颈部有二系对称，下腹部有一系。颈部至下腹部饰背带状纹，下腹部饰有三层纹样，上层饰夔龙纹，中层饰蟠螭纹，下层为蟠虺纹。

鈚 | 春秋

1978年滕县（现滕州市）薛国故城遗址出土

现藏济宁市博物馆

通高29.8、口径10×8厘米，重3.492千克

口、底均呈长方形。侈口，长颈，扁腹，最大径在中部，底内凹。肩两侧及下腹部一侧饰半环形耳，肩部饰蟠螭纹，腹饰波浪纹。

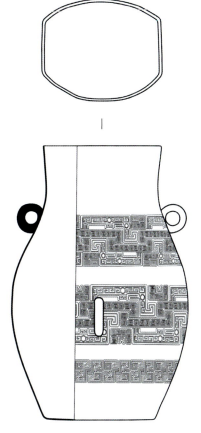

鈚

春秋

2017年滕州市大韩墓地M43出土

现藏山东省文物考古研究院

通高30.8、口径13.4×11、底径12.9×8.7厘米

口、底均呈长方形，口微敞，方唇，长束颈，溜肩，鼓腹，平底，肩部两侧有对称环耳，下腹部一侧有一环耳。腹部分别饰两周直角填充式变形蟠螭纹和一周直角变形蟠螭纹。颈外侧有铭文。

铊 | *春秋*
1978年滕县（现滕州市）薛国故城遗址M3出土
现藏济宁市博物馆
通高22.8、腹径13、底径6厘米，重1.423千克

　　器身扁长方体。直口、束颈、鼓腹、平底，颈部有兽首环耳。平顶盖，盖缘下折，内插口，盖顶立一鸟，盖两侧为兽首衔环，链状提梁穿于环中。腹下部有一兽环形纽，颈部饰蟠螭纹。腹部有铭文二行四字："薛侯行壶。"

鈚 | 春秋

1978年海阳县（现海阳市）嘴子前村M1出土

现藏海阳市博物馆

通高24.6、腹径13.6×6厘米

器体截面呈长方形。微敞口作母口，长颈，溜肩，深腹，平底，腹部两长边微鼓，颈短侧面设两个对称的贯耳。有盖，盖顶设扁体半环纽，内插口作子口。通体素面。器底、两侧可见范线。

罍｜西周

1933年滕县（现滕州市）安上村出土

现藏山东博物馆

通高25.8、口径17厘米

　　方唇，卷沿，束颈，肩部稍鼓，圜腹，底稍内凹，肩部有对称兽首环耳。肩部、腹部各饰一周波带纹。

罍 | 春秋
1933年滕县（现滕州市）安上村出土
现藏山东博物馆
通高25、口径16.2厘米

　　大敞口，圆唇，束颈，溜肩，肩、腹分界明显，腹稍鼓，小平底，带高圈足，外撇，肩、颈结合部有对称两耳。肩部饰一周窃曲纹，腹部饰倒三角纹，内填变形云纹。

罍 | 春秋
1973年日照县（现日照市东港区）两城镇征集
现藏日照市博物馆
通高28.4、口径16.4、底径14.6厘米，重4.58千克

　　敞口，薄方唇，束颈，宽肩稍鼓，深腹，下腹稍内曲，平底，矮圈足稍外侈，肩、腹部饰对称兽首环耳，兽首圆目凸出，双耳呈卷曲状，角有阴线纹装饰，吻部凸出。肩部饰一周变形卷龙纹，每组纹饰作两龙回首相对状，单个龙长冠卷曲，长尾多分歧，龙身有阴线纹。下腹部饰倒三角纹，内填变形龙纹，龙身有阴线纹。肩腹结合部呈粗凸棱状，上下各有一周凹槽，凸棱上饰菱形纹、单个菱形纹内还有菱形浅窝装饰。器身纹饰有错范现象，锈蚀严重。

罍 春秋

日照市东港区苇沟村出土

现藏日照市博物馆

通高29.5、口径17、底径17厘米

整体瘦高。敞口，方唇，大卷沿，高束颈，深鼓腹，平底，高圈足，上部直壁，下部外撇有阶，肩、腹结合部饰兽首形环耳一对，兽首形象较为抽象，圆眼明显，有凸出的嘴部，有角，有冠，身有阴线纹装饰。肩部饰一周窃曲纹，肩、腹部饰一周重环纹，腹部以两耳为界，饰两组夔龙纹，每组纹饰为两夔龙纹相背。单个夔龙纹形体较大，圆眼，张口向下，上颚较短，下颚长而内卷。长角分歧，前端上扬内卷，后端后伸内卷，有利爪，长身卷曲，长尾分歧，一部分上翘，一部分下延。从器腹范线痕迹看，整件采用四分范铸造。

罍 | 春秋

2012年沂水县纪王崮墓地M1出土

现藏山东省文物考古研究院

通高46.1、口径21.2、足径17.6厘米

　　侈口，方唇，卷沿，束颈，圆肩，鼓腹，肩腹转折明显，肩部有两对称的有角兽首衔绹纹环耳。弧形盖，盖面中部有一梯形桥状纽。器身正面正中有一蛇，蛇身弯曲呈竖纽，矮圈足外凸，肩部饰六个涡纹，腹下蛇形纽满饰圆圈状变形鳞纹。

罍 | 春秋
2002年枣庄市东江村小邾国贵族墓地M2出土
现藏枣庄市博物馆
通高42、口径21.4厘米

　　敞口，方唇，平沿，束颈，溜肩，鼓腹下收，平底。肩部饰两个对称的有角兽首衔环耳和六个凸起的圆涡纹，腹下部有一兽首錾。

罍 | 春秋
1974年莒县老营村出土
现藏莒州博物馆
通高33、口径14.5、底径14.5厘米

　　子口较短，肩微鼓，鼓腹，平底，圈足外侈，肩部有四半环形耳。肩饰两周变形斜角雷纹，腹上部饰变形斜角雷纹，下腹部饰变形蝉纹。未见盖。

罍 | 春秋
1991年临沂地区（现临沂市）东张屯村出土
现藏临沂市博物馆
通高39、口径18.45、底径27厘米

小口作侈口，方唇，卷沿，束颈，溜肩，深腹略鼓，下收呈平底，圈足外侈，肩腹结合部有对称独角兽首耳。肩部饰一周夔龙纹，足部饰一组窃曲纹。

罍 | 春秋
館藏
現藏滕州市博物館
通高23.5、通寬15.8、口徑18.1、底徑13厘米

侈口，方唇，卷沿，束頸，肩略鼓，自肩下折為腹，上腹微鼓，下腹稍內曲，平底。肩部飾一周卷體龍紋。

罍 春秋

征集

现藏滕州市博物馆

通高19.3、口径14.8、底径11.6厘米

侈口，薄唇，束颈，肩微鼓，自肩下折为腹，鼓腹不明显，平底。肩部饰两周窃曲纹。

罍 | 春秋

1963年莒县天井汪出土

现藏山东博物馆

通高39.5、口径21.7、腹径40厘米

侈口，束颈，广肩，鼓腹，平底，肩两侧有兽首衔环耳。伞状盖，盖上有一半环形纽。肩饰三周、腹饰两周变形龙纹，纹饰细部有差异，或两龙龙身交缠，或一龙一凤交缠，均圆目凸出，纹带之间以凹槽或绳索纹为界。盖饰两周蟠螭纹。

罍 | 春秋
1954年峄县（现枣庄市峄城区）文化馆收集，
据传出自峄县
现藏山东博物馆
通高28.5、口径21.4、腹径36厘米

敞口，方唇，窄沿，束颈，肩部稍鼓，扁圆腹，平底，肩部两侧有兽首衔环耳。自上而下分别饰窃曲纹、蟠虺纹和垂叶纹。同出2件。

罍 春秋

1969年莒县老营村南水库出土

现藏莒州博物馆

通高21.6、口径17.2、底径14.3厘米，重5.37千克

敞口，方唇，卷沿，短颈，肩部略鼓，浅腹，底部微内凹，肩部两侧有兽耳衔环（其一缺失）。斜肩部有三组凹弦纹，腹部素面。

罍 春秋

1925年沂水县出土

现藏山东博物馆

通高52、腹高36、口径25厘米

侈口，方唇，束颈，广折肩，腹渐收为小平底，肩两侧有兽首衔环耳。盖呈覆碗形，盖顶有凫形纽，有内插口。器与盖通体饰瓦纹。

罍 春秋

1978年沂水县刘家店子墓地出土

现藏山东省考古研究院

通高54、口径22.7、足径22.8厘米

体形硕大。方唇，盘口，束颈，圆肩微鼓，弧腹，平底，高圈足，肩、腹之间两侧有兽首耳。盖子口，盖面微鼓，盖中有一龙首捉手。肩部呈三道宽凸棱状，最下面一道凸棱上腹饰变形云雷纹，腹环饰兽面纹，兽首与兽身不连续，兽首与兽身细部均有卷云纹，盖面纹饰做盘旋的龙身，躯干细部为鳞纹或卷云纹，与龙首捉手相配。

缶

春秋

2012年沂水县纪王崮墓地M1出土

现藏山东省文物考古研究院

南器物箱出土7件，大小、形制均稍有差别

通高33.9～37.1、口径21.5～23.2、底径17.6～18.8厘米

方唇，近平折沿或斜折沿，束颈，圆肩，鼓腹，平底内凹，上腹有对称分布的竖形耳。盖覆钵形，盖顶有三或四瓣花瓣形捉纽，每瓣花瓣有近方形或者蹄形不规则形孔。每瓣花瓣边缘有绹纹凸棱，每耳有四或五周绹纹凸棱，上腹及盖各有五周绹纹凸棱，盖及上腹两周凸棱之间饰蟠螭纹。

M1：139

缶 春秋

館藏

現藏桓台博物館

通高29.3、口径17.1、底径16.7厘米

扁圆体带盖。方唇，短颈，圆肩稍鼓，鼓腹，腹下部内收，平底，肩部饰对称兽形环耳。覆钵形盖，盖沿下折作母口，与器相扣合，盖上有圆形捉手，上四条状镂孔。肩部有三周纹饰带，居中为倒三角纹、内填变形云纹，上、下均为窃曲纹，纹饰带之间施以绚索纹，两兽形环耳之间，各饰两个圆泡形饰，上有浮雕缠龙纹，盖捉手边缘有一周窃曲纹，盖沿一周倒三角纹，内填卷云纹。

缶 春秋

1978年沂水县刘家店子墓地M1出土（M1：51）

现藏山东省文物考古研究院

通高32.8、通宽39.3、口径22厘米，盖宽23厘米，重11.607千克

　　方唇，折沿，短颈，鼓肩，圆腹，平底。平顶盖，盖面中央有环纽，盖边缘均匀分布三个凸榫，但并不起到卡扣作用。器身满饰简化龙纹，圆目凸出，龙身极简化，上均有双线纹装饰。盖面饰一周简化变形龙纹。

缶 │ 春秋
2009年枣庄市徐楼M1出土
现藏枣庄市博物馆
通高33.6、口径21厘米

　　方唇，平沿，直颈，鼓稍肩，鼓腹，平底，肩部有两对双龙首尾相衔耳，
一对为圆雕龙耳，另一对为扁状龙耳。耳间各有一隆起的变形圆涡纹，涡纹中
间饰圆目纹，外饰S形纹，横鳞纹各两周，上腹饰以两周绚索纹为界阑的蟠螭
纹带，下腹饰一周八组内填蟠螭纹的倒立桃形纹。

缶

春秋

2009年枣庄市徐楼M1出土

现藏枣庄市博物馆

通高33.6、口径28厘米

方唇，平沿，直领，鼓稍肩，鼓腹，平底，三蹄形矮足，肩部有两对双龙首尾相衔耳，一对为圆雕龙耳，另一对为扁状龙耳。耳间各有一隆起的变形圆涡纹，涡纹中间饰圆目纹，外饰S形纹、横鳞纹各两周，上腹饰以两周绚索纹为界阑的蟠螭纹带，下腹饰一周八组内填蟠螭纹的倒立桃形纹。

缶 春秋

2017年滕州市大韩墓地M43出土

现藏山东省文物考古研究院

通高31、口径21.1、足径20.7厘米

侈口，方唇，折沿，直颈，鼓肩，圆腹，平底，极矮的圈足，肩部有对称竖耳。盖面弧顶，顶有喇叭状镂空捉手，盖面均匀分布有四环耳，盖沿下折扣合器口。素面。

瓶 | 春秋

2002年枣庄市山亭区东江村小邾国贵族墓地M1出土（M1：6）

现藏枣庄市博物馆

通高26.4、口径14.2厘米，重2.53千克

　　器呈卵形，盖器子母口相扣。器敛口，圆腹，圜底略尖。盖笠形，口内折作子口，盖顶中部有一圆饼形立纽，盖器沿部的两侧各有一相对应的贯耳。盖器铸有竖款二十一字相同铭文："霝父君金父作其金瓶，眉寿无疆，子子孙孙永宝用之。"盖八行，器四行。器形不多见，自铭为瓶。

瓶 | 春秋

1978年沂水县刘家店子墓地出土

现藏山东省文物考古研究院

通高35、通宽26、口径10.5厘米

　　整体作球状。器敛口内折作短子口，圆鼓腹，圜底。盖作覆钵形，盖面中央一环纽，盖沿、口沿均有相扣配合使用的对称贯耳。盖沿一周龙凤缠绕纹饰。凤短身短尾，龙长身长尾。口沿下有一周纹饰，与盖沿上纹饰相同，但更加简化。

盘 | 春秋
1984年临沂地区（现临沂市）中洽沟墓地M1出土
现藏临沂市博物馆
通高15.4、直径39.2厘米

　　方唇，窄折沿，腹稍深，圜底近平，高圈足，双附耳。盘腹中有一蟠龙纹，龙首居中，龙目、鼻、须、角等为浮雕状凸起龙身环绕盘底，龙身为鳞纹状饰，盘外壁为窃曲纹。器身稍有残缺。

盘　春秋

1963年肥城县（现肥城市）小王庄出土

现藏山东博物馆

通高15.1、口径33.8厘米

　　方唇，窄折沿，浅腹，圜底近平，高圈足外撇，两对称附耳。盘内底为一条蟠龙纹，龙首居中，龙身环绕龙首，内壁一周鱼纹，盘外壁腹部为变形龙纹，圈足为窃曲纹。

盘　春秋
1976年日照县（现日照市）崮河崖墓地出土
现藏日照市博物馆
通高12.5、口径33.4厘米

　　方唇，平折沿，浅弧腹，高圈足，两对称
附耳。口沿下饰一周窃曲纹，盘内底部饰蟠龙
纹，龙首居中，目、鼻、鼻孔浮雕凸起，龙身
环绕龙首，腹内壁饰一周鱼纹，盘外壁为窃曲
纹，圈足有一周凸棱。

盘 春秋

1963年临沂地区（现临沂市）沙旦子社员捐赠

现藏临沂市博物馆

通高18.4、口径33.7厘米

敞口，方唇，窄平沿，浅弧腹，平底，高
圈足微外撇，腹部两附耳。腹内壁一周卷云
纹，盘内底部饰射线纹与宽带纹，呈螺旋状
相间隔，外腹壁饰回形纹，足上部有三长方
镂孔。

盘 | 春秋
1976年平邑县蔡庄村出土
现藏平邑县博物馆
高12.3、口径38.3厘米

　　方唇，宽沿，浅腹，圈足外撇，方形附耳。腹饰窃曲纹，耳饰重环纹。盘内底有铭文二行，现存五字，一行"铸大司□"，另一行存"用"字。

盘 | 春秋
1978年曲阜县（现曲阜市）鲁故城M202出土
现藏孔子博物馆
通高10.3、口径37.5厘米

　　方唇，折沿，浅盘，圜底近平，圈足外
侈，底缘有台座。盘外壁饰窃曲纹，圈足饰重
环纹。盘内铸十字铭文："鲁白者父乍孟姬媵
媵盘。"铭文磨损严重。

盘 | 春秋
1951年黄县（现龙口市）出土
现藏山东博物馆
通高9.3、口径43.9厘米

　　方唇，窄折沿，浅腹，圜底近平，圈足外
撇，双附耳。腹部饰窃曲纹，圈足饰垂鳞纹。
内底有铭文："異伯安父媵姜无口匜。"

盘 | 春秋
2004年莒南县中刘山村出土
现藏莒南县博物馆
通高12、口径34.8、底径22、腹深6.2厘米

　　方唇，窄折沿，鼓腹较浅，平底，高直圈足，双附耳外撇，附耳与器外壁
有横梁相连。腹外壁饰卷云纹带一周，圈足外壁饰有变形窃曲纹带一周。

盘 | 春秋
1966年费县黄崖村出土
现藏费县博物馆
通高11、直径38.8厘米，重4千克

　　方唇，窄折沿，浅盘，大平底，喇叭形圈
足外侈，腹部有对称附耳。腹壁饰变形龙纹一
周，圈足饰重叠式鳞纹。

盘 │ 春秋

1986年黄县（现龙口市）大于家村出土

现藏龙口市博物馆

通高8.4、口径37.8、底径24厘米，重4.378千克

　　方唇，窄折沿，浅腹，平底，圈足边缘有台座，两附耳。腹部、耳内外侧、圈足饰蟠螭纹，蟠螭纹稍有不同。

盘 | 春秋
滕州市薛国故城遗址M139出土（M139：34）
现藏山东省文物考古研究院
通高11、通宽39、口径36.2、底径24.5厘米

　　方唇，窄平沿，浅腹，圜底近平，圈足外撇，腹部有双附耳，附耳与盘口沿通过横梁相连接。腹部有蟠螭纹，圈足有垂鳞纹。

盘 | 春秋
2012年沂水县纪王崮墓地出土
现藏于山东省文物考古研究院
通高9.7、口径37.1、足径23.8厘米

　　方唇，窄折沿，浅腹，圜底近平，带圈足，带双附耳。耳内、外侧及圈足饰变形几何纹，腹外壁饰窃曲纹。

盘 春秋

1978年滕县（现滕州市）薛国故城遗址M1出土（M1：56）

现藏济宁市博物馆

通高8.5、口径43厘米，重4.57千克

方唇，窄平沿，深腹，盘壁略鼓，圜底近平，圈足外侈，盘外壁有双附耳，外折。折耳饰浮雕纹饰，耳外壁、盘外壁、圈足外壁饰蟠螭纹，纹饰细部稍有不同。

盘 | 春秋
1978年海阳县（现海阳市）嘴子前村M1出土
现藏海阳市博物馆
通高11.6、口径38、足径23厘米

　　方唇，斜折沿，浅弧腹，圜底近平，大圈足外撇，两附耳，耳上端外折，中部通过两横梁与盘身相连。腹部饰一周卷云纹，圈足外饰一周垂鳞纹，附耳折耳处饰高浮雕纹饰，中心饰双目凸出的兽面纹，两侧各饰一条变形龙纹。

盘 | 春秋
征集
现藏青岛市博物馆
通高19、口径49.5厘米

方唇，窄沿，浅腹稍鼓，圜底近平，圈足外侈，下出阶，下附三牛足，腹下部有对称耳。腹部和圈足均饰一周蟠螭纹，纹饰细部稍有差别。双耳造型奇特，造型复杂，均呈浮雕状，方形耳，外侧居中有一浮雕兽首，耳上端有四个浮雕螭首，耳身内外侧为此四条螭龙缠绕。三足牛形，牛作侧首微昂，背负盘状，牛圆目，尖状耳，双角上翘，吻部凸出，鼻孔作两小浅窝状，身短，足粗壮，两角有阴线纹，牛身有卷云纹。内底有铭文："京叔作宝盘，其万寿无疆，子孙永宝用。"一耳断裂，一卧牛足残断，锈蚀严重变形。

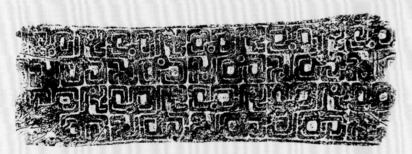

腹部纹饰

耳纹饰

圈足纹饰

盘 | 春秋

1978年沂水县刘家店子墓地出土

现藏山东省文物考古研究院

通高12、盘径46、深9、足径43厘米

　　方唇，平沿外折，浅腹稍鼓，平底，圈足外撇，有对称长方形附耳。腹、耳均饰单体长身的蛇相互缠绕，呈浮雕状，耳两侧各有一伏虎作奋勇向上爬行状，虎首硕大，虎身顾长，尾上卷，虎显得神武有力。

盘 | 春秋
2002年枣庄市东江村小邾国贵族墓地M3出土
现藏枣庄市博物馆
通高18、口径43厘米

方唇，窄平沿，腹微鼓，平底，圈足外撇，下接三个裸人形足，腹部附
一对卷尾龙形耳，龙口衔盘沿，躯干弯曲呈C形。腹部饰窃曲纹，圈足饰垂鳞
纹，裸人头部微扬，面部向外，挺胸屈膝作半蹲状，双手向后承托盘底作抬
盘状。

盘 | 春秋
1980年滕县（现滕州市）城郊乡后荆沟村出土
现藏滕州市博物馆
通高18.6、口径34.5、底径27厘米

　　方唇，平沿，浅腹，平底，圈足外撇，下接三裸体人形足，腹部有对称龙形耳，龙口衔盘口沿，弓身，尾上卷。盘腹部外壁、圈足饰窃曲纹，龙身饰鳞纹，裸人面向外，挺胸屈膝作半蹲状，双手向后承托盘底作抬盘状。

盘 | 春秋
　　 | 馆藏
　　 | 现藏滕州市博物馆
　　 | 通高14.8、口径39.2厘米

　　方唇，窄平沿，浅腹，平底，圈足，外接三个裸体人形足，腹两侧附方形耳。腹部、圈足各饰一周窃曲纹，裸人面向外，挺胸屈膝作半蹲状，双手向后承托盘底作抬盘状。

盘 春秋

滕州市薛国故城遗址M147出土

现藏山东省文物考古研究院

通高13.2、通宽46厘米

　　方唇，窄折沿，浅腹，圜底近平，三蹄足，两附耳微外撇。腹部有蟠螭纹。内底有铭文："虖台丘君作叔始滕盘其万年眉寿子子孙孙永宝用之。"

盘 | 春秋
1981年曲阜市林前村墓地M712出土（M712：8）
现藏山东省文物考古研究院
通高7.5、通宽37、口径31厘米

方唇，窄平沿，浅盘，平底，底有三蹄足，附
耳。腹部有一周重环纹。

盘 春秋
2011年淄博市临淄区刘家新村墓地M28出土
现藏齐文化博物院
通高10、口径38.1厘米

方唇，窄折沿，浅腹，平底，三蹄形足，腹部有对称外折附耳。耳上有浮雕蟠龙纹。器身素面。

盘 春秋
1994年海阳县（现海阳市）嘴子前村M4出土
现藏海阳市博物馆
通高10.4、口径37.8厘米

　　方唇，窄折沿，浅腹，圜底近平，三蹄形
足，足根粗壮，盘壁设一对方形附耳，上部外
折，并有梁与口沿相连。耳外折内面饰兽面
纹，呈浮雕状凸起。

盘 | 春秋
2009年枣庄市徐楼M2出土
现藏枣庄市博物馆
通高9.6、口径37.7厘米

　　方唇，窄平沿，浅腹，平底，三蹄形足，双附耳，上部平折。腹部、底部饰镶嵌红铜的菱形纹，耳上饰镂空兽面纹。

盘 春秋

1953年邹县（现邹城市）邾国故城遗址出土

现藏邹城市文物保护中心（邹城博物馆）

通高10.2、口径39厘米，重2.65千克

　　方唇，窄折沿，浅腹，圜底近平，三蹄状足，双附耳外折。器身素面，折耳处饰蟠螭纹。

盘 春秋

招远市寨里村墓地出土

现藏烟台市博物馆

通高14.3、口径46厘米

变形严重。敞口，平唇，浅腹，平底，三粗壮蹄足，腹部有对称附耳，上部外折。器身素面，耳上有镂空浮雕兽面纹。

盘 │ 春秋
　　　馆藏
　　　现藏滕州市博物馆
　　　通高12.5、口径33.6厘米

　　直口微敛，浅腹，圜底近平，下承二个环形足，腹两侧附方形耳，外
折。器身素面。

盘 | 春秋
1978年滕县（现滕州市）薛国故城遗址M9出土
现藏济宁市博物馆
通高7.5、口径34.8厘米

　　口微侈，浅盘，平底，四环形足，附耳外
撇。素面。

盘 │ 春秋
1995年长清县（现济南市长清区）仙人台遗址M5出土
现藏山东大学博物馆
通高7.2、口径43.5厘米

　　方唇，窄沿，浅腹，圜底近平，低矮圈足，足沿有凸棱一周，环状双附耳。盘内底铭文六行四十二字，重文三字，铭文为"寺子姜首及邿，公典为其盥盘，用旂（祈）眉寿难老，室家是保。它（佗）熙熙，男女无期。于冬（终）又（有）卒。子子孙孙永保用之，丕用勿出。"

盘 | 春秋
1981年诸城县（现诸城市）都吉台墓地出土
现藏诸城市博物馆
通高7、口径43、底径27.3厘米，重4.64千克

　　方唇，窄平折沿，浅盘，圜底近平，矮圈足，沿下饰对称的两个环形耳。素面，器身口沿有断裂。盘内底部铸铭文："孙叔子（辟）为子孟姜媵盥盘，其万年眉寿，室家是保，它它熙熙，妻口寿考舞期。"

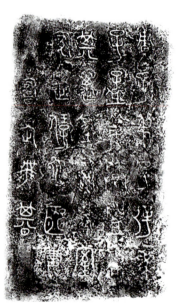

盘 | 春秋
1983年诸城县（现诸城市）都吉台墓地出土
现藏诸城市博物馆
通高6、口径40.5、底径17.5厘米，重5.03千克

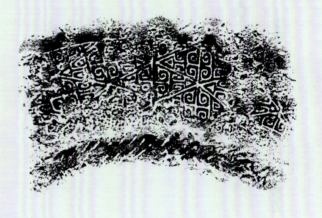

　　方唇，窄平沿，浅鼓腹，平底，矮圈
足，盘两侧有对称兽形耳，兽首张嘴，衔口
沿。盘外壁饰一周夔龙纹，圈足周围饰三角
形内填云纹，圈足饰绹纹。

盘 | 春秋
2012年沂水县纪王崮墓地M1出土（M1：51）
现藏山东省文物考古研究院
通高7.2、通宽52、口径48.1厘米，重6.568千克

微敞口，平唇，鼓腹，平底，矮圈足，口下有对称兽首环耳，均衔以绳索
状圆环。器身素面。

盘 | 春秋
1988年莒县于家沟村出土
现藏莒州博物馆
通高10.1、口径41、足径23厘米

　　直口微敛，平唇，鼓腹，圜底近平，矮圈足呈绚索纹，腹上有对称的两个小环耳，内附圆环。通体素面，器型厚重，保存完好。

盘 | 春秋
1975年莒南县大店墓地M1出土（M1：18）
现藏山东省文物考古研究院
通高11.5、通宽43.5、底径20.3厘米

　　直口，方唇，窄平沿，下腹斜收微鼓，平底，矮圈足，口沿下两小环耳衔环。内底饰蟠虺纹、绚纹和四鱼纹，腹部饰对称的鱼纹和龙纹。局部呈锈红色，内底纹饰保存一般。

匜 春秋

滕州市薛国故城遗址M144出土（M144：1）

现藏山东省文物考古研究院

通高20.3、通长33.5、通宽16.5厘米

　　整体瓢形。大口微敛，深鼓腹，圜底近平，下有四扁夔足，U形流口略收，上翘，与流相对的一侧有龙形錾。口沿及流下饰一周变形龙纹，龙双首、龙身相交处有乳丁状凸起，腹部饰瓦纹。龙形錾口衔匜口沿，吻部凸出，圆目，有瞳孔，双角高耸，龙弓身龙尾自然上翘卷曲，夔足上以阴线装饰。器型厚重，制作精致。内底有铭文，锈蚀不清。

匜 | 春秋
1980年滕县（现滕州市）城郊乡后荆沟村出土
现藏滕州市博物馆
通高16.8、通长33.2、通宽13.4厘米

　　器身呈瓢状。敞口，深腹，圜底，四兽形扁足，流上翘，后有龙形卷尾形
錾。口沿外饰一周窃曲纹，腹部饰瓦纹，足饰阴线纹。錾龙口衔匜，吻部凸
出，角高耸，龙弓背，尾上卷，龙身饰鳞纹。

匜

春秋

莒县城东前集出土

现藏山东博物馆

通高13.8、口宽14厘米

口微敛，鼓腹，圜底近平，四夔足，流上翘，龙首鋬。口沿下、流下一周窃曲纹，器腹为瓦纹，扁足外侧饰阴线纹。鋬龙口衔匜，吻部凸出，角高耸，龙弓背，龙身饰鳞纹。腹内有铭文十七字："司马南叔作刚姬媵匜，子子孙孙永宝用享。"

匜 | 春秋
1963年临沂专区（现临沂市）五寺庄村出土
现藏临沂市博物馆
通高14.9、通长30.4厘米

　　口微敛，腹微鼓，圜底，四扁足，封盖式兽首流略上翘，龙形鋬。口下饰
窃曲纹，腹下部饰瓦纹。龙口衔器沿，足附壁，尾向上卷曲。腹内部有铭文
"莫□□□所佳宝用郗邦宝宅其□"。铭文磨损严重。

匜 | 春秋

莒县中集乡出土

现藏山东省文物考古研究院

通长33、通宽17厘米，重2.179千克

　　口微敛，鼓腹，圜底，下有四夔足，管状封口流略上翘，与流相对的一侧有龙形錾。口沿、流下为窃曲纹，封口流作兽首张口状，腹部为瓦纹。龙形錾作口衔匜，弓身，尾上卷，龙角高耸，龙目凸出，吻部明显，龙身背部有鳍，龙身有重环纹装饰。内腹底部有铭文"诸休故乍匜其万年眉寿永宝用"。

匜

春秋

1963年肥城县（现肥城市）小王庄出土

现藏山东博物馆

通长36.5、通宽18厘米

　　口微敛，浅腹微鼓，圜底近平，下有四兽
形扁足，封口兽首管状流上翘，与流相对的一
侧有龙形鋬。口下为夔龙纹，腹部为窃曲纹，
扁足外侧有阴线装饰，龙形鋬龙口衔器口，弓
身，尾上卷，身有窃曲纹装饰。

匜 春秋

滕州市薛国故城遗址出土

现藏山东省文物考古研究院

通高16.5、通长29、通宽16厘米

　　口微敛，深腹，圜底近平，四夔足，流上翘，流口微下垂，龙形鋬。器身满饰蟠螭纹，夔足较简化，仅向外一侧有鳞纹装饰，龙形鋬较为生动，龙首伏于匜口沿，龙弓身，尾上翘，龙首凸目，长角，龙身布满鳞纹，龙背上有一列T字形装饰。

匜

春秋

1965年费县黄崖村出土

现藏费县博物馆

通高12.8厘米

口微敛，深腹，圜底，四夔足，宽流上翘，龙形鋬。器身满饰蟠螭纹，龙目及双龙交缠处有圆形凸起。沿下及腹底部均饰一条绹索纹，鋬龙首衔匜身，龙背有高起的片状鳍，尾上卷，龙身鳞片清晰可见。

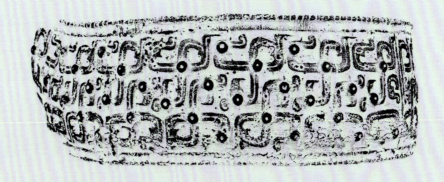

匜

春秋

1978年沂水县刘家店子墓地出土

现藏山东省文物考古研究所

通高22.5、通长49、通宽18.5厘米

器型厚重，匜身狭长。匜敛口，浅腹稍鼓，圜底近平，四夔足稍高，长管状流略下垂，龙形鋬。匜身的纹饰为长尾蛇相缠绕状。管状流处兽首作张口状，眼、眉、角凸出，细部还装饰卷云纹，眉上有伞状柱凸出，流两侧有夸张的獠牙。鋬龙首衔口沿，弓身，足附匜身，尾上卷。此件匜整体如一只牛垂头饮水之状，惟妙惟肖。

匜 | *春秋*
1978年滕县（现滕州市）薛国故城遗址M1出土（M1：57）
现藏济宁市博物馆
通高10、通长33.5厘米，重4.875千克

敛口，腹微鼓，圜底近平，下附四扁足，管状流上翘，流上饰一浮雕兽首作镂空状，大角粗獠牙，匜尾部饰兽形鋬，兽首衔匜口沿，弓身尾上卷，身饰乳丁纹。通体饰蟠螭纹。四条扁足较为特殊，前为一尖喙凸目短身的小鸟形象，鸟身与龙首相连，鸟首、龙首接匜底，龙首微俯，短龙身弯曲，龙尾分歧触地上卷。

匜 春秋

1981年曲阜县（现曲阜市）林前村墓地M713
出土（M713：12）

现藏山东省文物考古研究院

通高12.5、通长30、通宽19.5厘米

　　微敛口，口部一侧稍内凹形成凹口，腹较
深，圜底近平，四卷身夔龙足，兽首管状流，
流口略下垂，与凹口相对的一侧沿上有扁平
状的鋬手。内底有铭文："齐公子□作媵其
子孟姜盥□用□眉寿万年无疆子子孙孙永保
用之。"

匜 | 春秋

2009年枣庄市峄城区徐楼M2出土（M2：20）

现藏枣庄市博物馆

通高10.4、通长26.8、通宽14厘米，重0.88千克

器口椭圆形。口微敛，腹微鼓，圜底，四环形足，半筒状流，环形鋬。腹部饰镶嵌红铜兽纹，底饰镶嵌红铜菱形纹，流口及鋬饰兽面纹。器身有裂纹，稍有残缺。

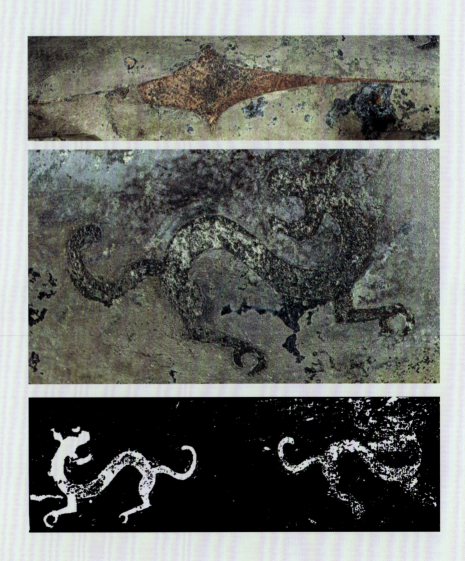

匜

春秋

2009年枣庄市徐楼M1出土

现藏枣庄市博物馆

通高11.8、通长33、通宽19.2厘米

　　器呈椭圆形。微敞口，浅腹，圜底近平，三蹄形矮足，兽首封口短流微上扬，兽首呈浮雕状口沿两侧有一对称凹槽，尾端附一环形兽首鋬。腹及底部饰镶嵌红铜的菱形纹，现已脱落。

匜

春秋

2011年淄博市临淄区刘家新村墓地M28出土

现藏齐文化博物院

通高12.5、口径25厘米

口微敛，腹较直，浅腹，大平底，三蹄形足，足根
粗壮，流呈管状虎头形。器身素面，流浮雕虎首，虎口
大张，圆目凸出，虎额有蝥蛇纹。

匜 | 春秋
1994年海阳县（现海阳市）嘴子前村M4出土
现藏海阳市博物馆
通高12.7、通长30.4厘米

　　椭圆体，上口稍直，鼓腹，圜底，底设三兽蹄形矮足，匜流为封盖式，作浮雕兽首形，流口为横长的椭圆形，尾端有龙形鋬，口衔器沿，双足附壁，宽尾勾卷。主体纹样为大眼长角的兽面，长角又系龙纹衍成，二角之间，又以蛙、蛇等图形相连，盖顶为细密的镂空花纹。

匜 | 春秋
　　馆藏
　　现藏淄博市博物馆
　　通高15.1、通长29.5厘米，重0.859克

　　敛口，浅腹，圜底近平，三兽面蹄足较低矮，宽流，龙
形鋬，龙身有鳞纹装饰。口下饰凸弦纹，上周竖短直线，下
有一周卷云纹和倒立三角纹、内填云纹，蹄足足根有浮雕
装饰。

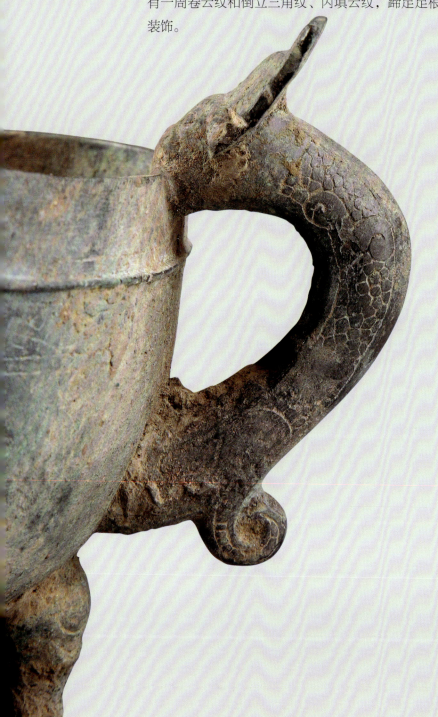

匜

春秋

1953年邹县（现邹城市）邾国故城遗址出土

现藏邹城市文物保护中心（邹城博物馆）

通高10、通长21.3、通宽11.3厘米，重0.51千克

口微敛，平唇，浅腹微鼓，圜底，三兽蹄足，浮雕兽首管状流，龙形鋬。龙首浮雕，龙口衔口沿，长角外扬，龙身较卷，龙尾较小。器身素面。

流兽首纹饰

鋬纹饰

匜 | 春秋
1966年日照县（现日照市岚山区）横山水库出土
现藏日照市博物馆
通高19.3、通长33、通宽20厘米，重2.15千克

　　圆唇，微卷沿，圆底，三兽首蹄足，宽长流上翘，尾部有半环形鋬，其上有一与口沿平齐的半圆形板。鋬上平板、腹部饰蟠螭纹，足饰浮雕兽首纹。

匜 春秋
2005年沂源县西鱼台遗址出土
现藏沂源博物馆
通高17.5、通长36.3、通宽21.7、足高8.5厘米，
重2.56千克

器身整体呈瓢形。前有半圆形长流，后有短尾，短尾下有绳索状鋬，三足，为偶蹄目动物足状，匜身上半部饰变体凤鸟纹。鋬上的平板外侧饰卷云纹，内侧饰两个回字形线纹装饰。

匜 春秋

1986年滕县（现滕州市）薛国故城遗址M147出土（M147：20）

现藏山东省文物考古研究院

通高19.3、通长31.5、通宽18厘米

方唇，微敞口，圜底，三蹄足，流上翘，尾部有鋬，鋬上有一半圆形平板。器身腹部及流下饰蟠螭纹，三足足根有浮雕兽纹装饰。内壁有铭文："虘台丘君□□叔（姑）媵匜，其万年眉寿子孙永宝用之。"

匜

春秋

1974年莒县源河村出土

现藏莒州博物馆

通高19.5、通长36.7厘米

器呈椭圆形瓢状。口方唇，窄沿，鼓腹，圜底，三蹄形足，长流上翘，流口略下垂，后有条形鋬，上有平板。腹上饰一周蟠螭纹，足上端饰兽面纹。

匜 春秋
2012年沂水县纪王崮墓地M1出土（M1：44）
现藏山东省文物考古研究院
通高20.4、通长31.8、通宽17.5厘米，重2.534千克

　　口微敛口，腹微鼓，圜底近平，兽首蹄足，近
筒状曲流，匜尾部饰一近方形錾，上有扇形平板。
口沿及錾上面饰龙纹及鸟纹，流下饰垂鳞纹，腹部
饰倒三角纹，内填鸟纹及龙纹，流下三角纹内填垂
鳞纹，足根的兽面纹装饰凸出，圆目，长角上卷。
内底有铭文，磨损严重，不可辨识。

匜 | 春秋

1986年龙口市归城大于家村出土

现藏龙口市博物馆

通高6、通长19、通宽15.2厘米，重1.412千克

开口略呈圆角长方形。口微敛，浅腹，圜底近平，前有半管状流，后有龙形鋬，口沿一侧带一耳。器身素面。

匜

春秋

1981年曲阜市林前村墓地M711出土（M711∶24）

现藏山东省文物考古研究院

通长35.5、通宽37、流宽10.2、底径17.5×13.3厘米

俯视呈心形。敞口，腹较深，小平底呈椭圆形，半圆形流上翘，流下有环
纽，尾部内凹，带环纽。整体素面。

匜 春秋

1982年栖霞市吕家埠村出土

现藏栖霞市牟氏庄园管理服务中心

通高18.5、最宽口径35厘米，重3.65千克

　　俯视呈心形。口微敛，深腹，椭圆形平底，宽流微上翘，与流相对的另一侧稍内凹，流下、尾部各饰一环形纽。腹上部饰一周绚索纹。腹部有残损。

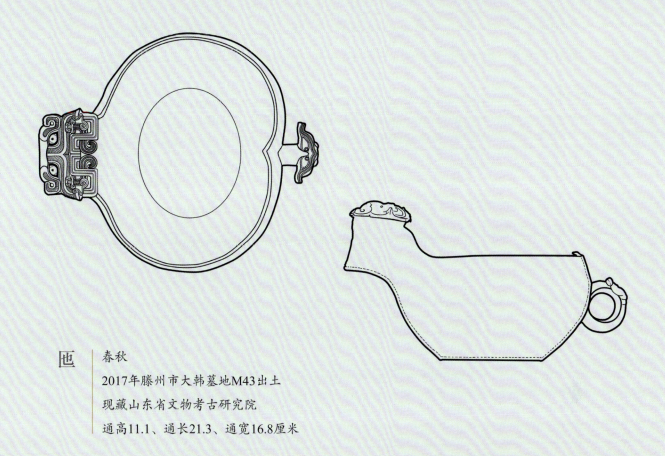

匜 | 春秋
2017年滕州市大韩墓地M43出土
现藏山东省文物考古研究院
通高11.1、通长21.3、通宽16.8厘米

　　俯视近心形。敛口，腹微鼓，平底，兽首状管状流，与流相对的另一侧稍
内凹，尾部有一环形纽兽首鋬。匜内底有铭文，但锈蚀不可辨。

匜 | 春秋

1966年日照县（现日照市岚山区）西赵家庄子出土

现藏日照市博物馆

通高8、口径19.2×15.2厘米

　　开口呈心形。大口微敛，深腹略鼓，圜形底，腹一侧出尖，与其相对的一侧壁稍内凹，出尖的部位有一宽环纽，内附一圆环。腹上部饰一周蟠螭纹。

盉 春秋

1978年沂水县刘家店子墓地出土

现藏山东省文物考古研究院

通宽22.5、通高21.8、口径16.6厘米

　　大敞口，方唇，束颈，颈、腹之间分界台阶，圆鼓腹，弧裆，三足细高，足跟平。腹部一侧有短柄以装銮，与銮相近一侧有短流。

盉 春秋
1975年潍县（现潍坊市）朱里上游村出土
现藏潍坊市寒亭区博物馆
通高8.5、口径2.5厘米

　　器物小巧，器型较精致。圆顶，上有圆形小口，圆形大腹，凤首流，尖喙，冠上翘，口目清晰，颈部有羽毛纹饰，三足粗壮，龙形錾，带卷尾。

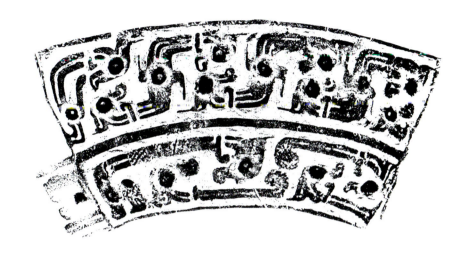

盆 | 春秋
1978年曲阜县（现曲阜市）鲁故城M201出土
现藏孔子博物馆
通高10.5、口径21.4厘米

　　圆唇，折沿微凹，束颈，鼓腹，平底，颈腹结合部有兽首环耳。腹饰乳丁夔凤纹。

盆 | 春秋
邹平市杏花河出土
现藏邹平市博物馆
通高12、通宽26.4、口径23.1、底径9.7厘米，重1.653千克

　　圆唇，宽卷沿，束颈，鼓腹，小平底，颈腹结合部有对称环耳。颈部饰一周变形蝉纹，腹部饰交缠的龙纹。

盆 | 春秋
1978年沂水县刘家店子墓地出土
现藏山东省文物考古研究院
通高27、器高17.5、口径22.3、底径13.2厘米

盆敞口，方唇，斜沿，束颈，折肩，腹斜收，小底内凹，肩两侧有兽首衔环耳。覆钵形盖，盖顶三虎纽，虎作爬行状，虎背有使用磨损痕迹，盖中部有一对铺首衔环，盖沿有四枚兽首卡纽。器盖、身满饰多条蟠虺乳丁纹带，纹饰带之间以绚索纹相隔。盖、底同铭，行款略有不同："隹正月初吉丁亥黄太子伯克作馐盆，其眉寿无疆，子子孙孙永宝用之。"

盆　春秋

邹县（现邹城市）灰城子出土

现藏山东博物馆

通高17.5、口径25.5厘米

　　方唇，折沿，束颈，鼓腹，平底，有一短流，腹侧有两环耳。口沿下饰窃曲纹，腹中部饰夔纹，腹下部饰垂鳞纹。

盆　春秋

1976年日照县（现日照市）崮河崖墓地M1出土

现藏日照市博物馆

通高19.9、盆高12、盆径25.4、盆底径9.3厘米，盖高13.5、盖径27.3、纽径8.5厘米

　　带盖盆，稍变形。盆圆唇，宽折沿上翘，上腹较直，下腹内收，平底内凹。覆钵形器盖，盖面微鼓，盖顶有圆形中空捉手。通体素面。

119

盂 | 春秋
1932年曲阜县（现曲阜市）林前村墓地出土
现藏山东博物馆
通高9.8厘米

　　器作匜形。敛口，浅腹，圜底近平，蹄形足，器两侧各有一铺首衔环。器内有铭文："鲁大司徒元乍飲盂万年眉寿永宝用。"

盂 春秋

1995年长清县（现济南市长清区）仙人台遗址M6出土

现藏于山东大学博物馆

通高38、口径55、底径39厘米

　　方唇，敞口大卷沿，深腹，腹壁较直，圆底近平，圈足，下有台高座，口沿下各有对称的一对附耳和一对内附圆环的环耳。颈部饰窃曲纹，腹部和圈足饰环带纹。此件器物器形硕大，造型规整，制作精致。

盂 | 春秋
1994年海阳县（现海阳市）嘴子前村出土
现藏海阳市博物馆
通高37、口径69.5厘米

　　方唇，宽沿略上翘，口沿外缘为窄矮的立沿，深鼓腹，大平底，底周缘略高起，腹上部四只兽首环耳，耳横截面圆柱体，中空，向内开口，夹有泥芯。兽角变形为宽大的枝形花冠，由四龙花纹蟠曲构成对称图案，盂颈、腹饰四道繁缛的蟠龙纹，龙目及躯体交接点为中心有圆窝球状高乳丁，耳上有镂空兽首装饰，双耳，圆目张口，齿舌毕现。盂沿刻有铭文七字："圣所献为下寝盂。"

鉴 | 春秋
2012年沂水县纪王崮墓地出土
现藏山东省文物考古研究院
通高30.5、口径61.2、底径25.8厘米

　　方唇，宽折沿，沿面外缘外凸，束颈，深腹略外鼓，平底，颈下均匀分布四个兽首衔环耳。颈部饰吐舌龙纹，腹上部饰三周勾连蟠螭纹，腹下部饰一周S形吐舌龙纹，衔环饰变形蝉纹。腹内壁铭文为"隹王正月初吉丁亥，邛白厚之孙□□君季□□自作滥盂，用祀用飨，其眉寿无疆，子子孙孙永宝是尚"。

124

鉴 | 春秋

1978年沂水县刘家店子墓地出土

现藏山东省文物考古研究院

通高42、通宽72.5、口径59厘米

　　方唇，窄平沿，深腹，上腹微鼓，下腹稍内曲，小平底，口沿下一侧有一小管状流，两附耳，耳与口沿齐平。上腹部有三周纹饰，上为变形窃曲纹，中为垂鳞纹，下为变形窃曲纹，底缘外凸呈绳索状，耳上饰蟠螭纹。出土时有多处残破，已经修复。

鉴 | 春秋
1963年莒县天井汪墓群出土
现藏莒州博物馆
通高29.5、口径51、底径23.5厘米

方唇，折沿，上腹微腹，下腹斜直，平底，沿下均有分布四环耳，内有圆环。微残，其中有一环耳断裂，已经修复。器身、耳、衔环皆素面。

铫 | 春秋
1960年青岛市源头村出土
现藏青岛市博物馆
口径8.5×6.9、底径8.6×6.2厘米

　　俯视为椭圆形。薄唇，卷沿，束颈，鼓腹，平底，一侧有环耳。器身有绳
索状装饰。

钠

春秋

1968年平度县（现平度市）大泽山镇韭园村出土

现藏平度市博物馆

通高9.7、通长13.7、通宽11.7厘米，重0.686千克

椭圆体。唇厚薄不一，小卷沿，鼓腹，平底，一侧有兽状环耳，另一侧饰小环耳。腹部饰两道凸棱划纹，上部凸棱划纹，两道凸棱纹之间饰一高浮雕兽形状环耳及八个浅浮雕鸟纹，椭圆形底部饰一周凸棱划纹，钠两侧耳环到底部有一道凸棱纹。

铈 | 春秋
   | 馆藏
   | 现藏青岛市博物馆
   | 通高10.2厘米

　　椭圆体，口、腹、底部截面均为椭圆形。小直口，尖唇，溜肩，大鼓腹，平底，肩部有对称小环耳，腹部一侧饰有一环形耳。

铞 | 春秋

1993年枣庄市峄城区峨山镇杨埠村出土

现藏枣庄市博物馆

通高11.7、口长7.2、宽6厘米，重0.54千克

　　器口呈椭圆形。侈口，圆唇，束颈，溜肩，鼓腹，平底，肩部有一对称半圆形耳，一侧的腹部有一半圆形耳。器身素面。

铆 | 春秋

1989年滕县（现滕州市）薛国故城遗址M131出土

现藏山东省文物考古研究院

通高7、口径14×20厘米

　　椭圆体。敞口，薄唇，小卷沿，束颈，鼓腹，平底，口沿下有对称小环耳，腹部一侧有一稍大环耳。腹部有两周纹饰，均为雷纹，纹饰带之间有凹槽。

铆 | 春秋

1978年黄县（现龙口市）东迟小于家村出土

现藏龙口市博物馆

通高8.5、通长13.4、通宽10厘米，重0.426千克

　　整体长椭圆形。敞口，小卷沿，束颈，鼓腹，平底，腹部一侧有一环耳，颈部两侧饰有小环耳。腹部饰有两周纹饰，上周为连续三角纹，内填云纹，下为倒立三角纹，内填云纹。纹饰均较浅，底部可见布纹痕迹。

铷 | 春秋
馆藏
现藏龙口市博物馆
通高7.2、通长12.3、通宽9.5厘米，重0.366千克

敞口，薄唇，小卷沿，束颈，鼓腹，平底，腹部一侧有一环耳，颈部饰对称小环耳。腹部饰两周纹饰，上为一周长身卷龙纹，龙首在上，龙首在下交替分布，下为一周倒三角纹，内填一卷龙纹。

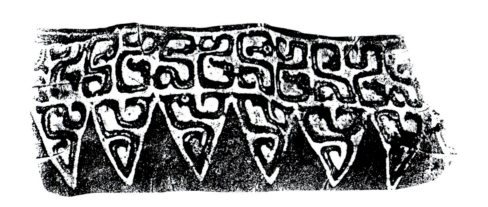

铞 | 春秋
蒙阴县东指村出土
现藏蒙阴县文物保护中心
通高7.29、口径13.1×11.16厘米

椭圆体。薄圆唇，小卷沿，鼓腹，腹部居中有凹槽，小平底，腹一侧有一环耳，器身饰蟠螭纹。口沿略残。

铟 | 春秋

日照市东港区丝山乡出土

现藏日照市博物馆

通高5.8、口径10.4×7.6厘米，重0.251千克

椭圆体。圆唇，唇面厚薄不一，小卷沿，束颈，鼓腹，平底，腹部一侧附一环形耳，另一侧有一道竖向微凹痕。上腹部饰一周蟠螭纹。

铆 | 春秋
1995年长清县（现济南市长清区）仙人台遗址出土
现藏山东大学博物馆
通高13.5、口径14.1×10.6厘米

椭圆体。侈口，卷沿，鼓腹，平底，短径腹两侧有一对环耳。盖覆盘形，顶中间一鸟形纽，边缘有六个小环形纽。器腹饰凸棱纹三组，每组两道，盖顶饰两道凸棱纹，长径口沿下有两乳丁。

铷 | 春秋
1981年曲阜县（现曲阜市）林前村墓地M722出土
现藏山东省文物考古研究院
通高13、通长21、口径19×12.5厘米

椭圆体。圆唇，小卷沿，腹上部稍鼓，下腹稍
内曲，平底，腹部有对称环耳。隆顶盖，盖沿下折
作母口与器口扣合。器腹中偏于一侧有一隔板，上
有数个圆孔，盖顶居中有一展翅飞翔的鸟纹，一环
纽正位于鸟背上。

铜 | 春秋
2009年枣庄市徐楼M2出土
现藏枣庄市博物馆
通高9.6、口径19.2×14.3厘米

　　长椭圆体，子母口带盖。子口微敛，短颈微束，浅腹微鼓，平底微凸，宽腹一侧有一环形小錾。平盖微隆，盖中间有一环纽，腹部饰镶嵌红铜的鸟兽纹和菱形纹，窄边各饰一长尾兽纹，宽边各饰两只相背的鸟禽纹。

铜 | 春秋
1978年海阳县（现海阳市）嘴子前村M1出土
现藏海阳市博物馆
通高11.8、腹径19.2×13.4厘米

　　长椭圆体，子母口带盖。圆唇，小卷沿，束颈，鼓腹，平底，腹长侧面各设一扁体环形耳。弧顶盖，盖沿下折作母口，盖上设五只环形纽，一小纽居中，另四只各居角位置。通体素面。

铸 | 春秋

1994年海阳县（现海阳市）嘴子前村M4出土

现藏海阳市博物馆

通高10.2、口径14厘米

　　椭圆体。圆唇，小卷沿，束颈，鼓腹，平底，腹长侧有一对较大的环耳，腹短侧颈部有一对稍小的环耳。腹部上下各有一周三角纹，内填卷云纹，腹部中间满饰三角螭纹。盖为平顶，盖沿下折作母口与器扣合，盖正中原有纽，已残缺。盖面满布花纹，雷纹地，十条蛇弯曲盘绕，四蛇有鳞，六蛇无鳞，蛇纹均为浮雕状凸起，蛇首高昂于盖面达0.4～0.7厘米。底部有补铸痕迹。

铜 | 春秋
1978年沂水县刘家店子墓地出土
现藏山东省文物考古研究院
通高13、通长21、通宽20.9、口径18.2×15.3厘米，重1.761千克

　　椭圆体。圆唇，小卷沿，鼓腹，平底，腹部一侧有环耳。平顶盖，居中有环纽，盖沿内折作短子口。腹部有蟠螭纹，下腹部为倒三角纹，内填蟠螭纹，盖边沿饰蟠螭纹。

铟 | 春秋
馆藏
现藏滕州市博物馆
通高7、通长13.4、通宽10.4厘米

椭圆体。圆唇，小卷沿，束颈，鼓腹，平底。
肩部有一对称兽首形耳，上有小环耳，下有珥。器
身素面。

铎 | 春秋
1991年淄博市临淄区上河村西出土
现藏齐文化博物院
通高10.9、口径20.7×15厘米

　　椭圆体。薄圆唇，小卷沿，短颈，扁鼓腹，椭圆形平底，有三小蹄形足，在口沿下两长边处有对称的龙首环耳，龙首浮雕状，张大口，双目呈圆环状凸出，长耳，双角U形上翘。上腹部饰变形卷云纹，下腹部饰蟠螭纹，器内三分之一处有一镂空隔栅，上有阴线装饰，将内部一分为二。

铞 春秋
招远市寨里村墓地出土
现藏烟台市博物馆
通高7.6、口径13×10.3、底径9×6.5厘米

椭圆体，未见盖。圆唇，小卷沿，鼓腹，圜底，腹
部一侧有环耳，下有四蹄足。素面。

铜 | 春秋
2017年滕州市大韩墓地M43出土
现藏山东省文物考古研究院
通高14.5、口径14×12.1、底径9.5×8厘米

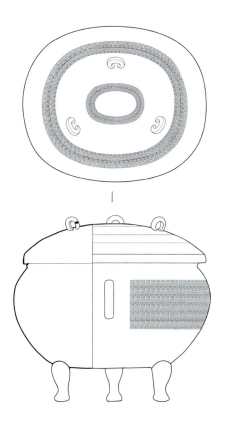

椭圆体。圆唇，卷沿，短颈，圆肩，收腹，平底，三蹄形足。弧顶盖，盖沿圆弧作母口，盖顶有三环纽。腹部饰六周雷纹和变形蟠螭纹，盖顶纽内、外分别饰两周雷纹和变形蟠螭纹。

铞 | 春秋

1995年长清县（现济南市长清区）仙人台遗址M5出土

现藏山东大学博物馆

通高14.5、口径18.6×13.5厘米

椭圆体，子母口带盖。敛口，鼓腹，圜底近平，三蹄形足。盖覆盘形，顶部近平，盖沿下折作母口，中有一环形纽。腹部近口处有一周七个环形纽，盖沿与器相对应处有七个环纽。素面。器形少见。

钿 | 春秋

1975年莒南县大店墓地M1出土（M1：19）

现藏山东省文物考古研究院

通高16.5、通宽21厘米

椭方体，子母口带盖。口内敛作子口，腹上部微鼓，近底部内收，假圈足，平底，腹两对称宽带环耳。隆顶盖，盖沿下折作母口，盖上四环纽。腹、盖均饰交错三角雷纹，下腹部饰龙纹，耳饰方形几何纹。

铺 | 春秋
1973年莒南县北岔河村出土
现藏莒南县博物馆
通高12、通长18、通宽15厘米

　　椭方体，子母口带盖。器敛口作子口，下腹内收作假圈足状，平底，双环耳。盖沿下折作母口，盖上有四环纽。腹部有一周菱形纹，内填云纹。环耳上饰蟠螭纹。盖饰一周菱形纹，盖纽饰斜线纹。

铻 春秋
1981年莒南县曾家沟村南出土
现藏莒南县博物馆
通高5.4、口径12.3×9.5厘米

椭圆方体，未见盖。敛口作长子口，上腹鼓下腹内收，假圈足，平底，双
环耳。内底饰一条龙纹，龙身为雷纹及云纹，耳上有几何云雷纹。

铺 | 春秋

1977年淄博市磁村墓地出土（M2：3）

现藏淄博市博物馆

通高10、口径11.5×9、足径8.1×6厘米

方唇，侈口，浅鼓腹，平底，圈足外侈，腹部两短边有两个环耳。器盖微隆起，盖沿下折作母口，盖上有五个环纽。圈足上有两行相对排列的三角形镂孔，其余均素面。

杯 | 春秋
1978年滕县（现滕州市）薛国故城遗址
M4出土
现藏滕州市博物馆
通高12、通长23.4、口径5.3厘米

敛口，卵圆形深腹，腹中部前饰鸟首，后饰曲柄长方形錾，上有镂空龙形装饰，两侧有对称翅，下承喇叭形圈足，足面饰镂空龙形装饰。

杯 | 春秋

1978年滕县（现滕州市）薛国故城遗址M4出土

现藏滕州市博物馆

通高12、通长22.8、口径5厘米

敛口，卵圆形深腹，腹中部前饰鸟首，后饰曲柄长方形錾，上有镂空龙形装饰，两侧有对称翅，下承喇叭形圈足，足面饰镂空龙形装饰。腹内有小勺。

罐 | 春秋
1960年沂水县李家庄出土
现藏山东博物馆
通高11.8、腹径10.5厘米

　　敛口，鼓腹，带圈足，器口和盖口两侧有对应的系耳，可以穿带提携。弧顶盖，盖沿内折作短子口，盖纽作虎形，残缺严重。口沿下一周纹饰，锈蚀不清。

罐 | *春秋*
1960年沂水县李家庄出土
现藏山东博物馆
通高12.8、腹径10.2厘米

　　口微敛，内折作子口，鼓腹，平底，下有圈足。弧顶盖，盖沿下延作母口，盖纽作展翅的禽鸟形，两侧二纽衔环，器口外有二鼻纽。器身、器盖饰卷体夔纹。

罐 春秋

1970年招远县（现招远市）寨里村墓地出土

现藏烟台市博物馆

通高10.7、口径5.6、底径6.9厘米

　　有盖带链。敛口，口沿内折作子口，扁圆鼓腹，平底，低矮圈足外撇，盖沿与器口有相对应的对称环纽，器口的环纽上连提梁，与盖的环纽有中间内凹的椭圆形铜环相连。弧顶盖，盖下延作母口。盖沿及腹上部及盖饰蟠螭纹，盖纽作浮雕立鸟形，圈足上有四个长条形穿。

罐 | 春秋

1970年招远县（现招远市）毕郭公社东寨里墓葬出土

现藏烟台市博物馆

通高10.7、口径5.6、底径6.9厘米

有盖带链。敛口，口沿内折作子口，扁圆鼓腹，平底，低矮圈足外撇，器口有对称环耳，原应有提梁，现仅存少量。弧顶盖，盖下延作母口，盖沿对称环耳，原应有衔环，现仅存一环。盖居中有一浮雕鸟形纽。器沿及腹上部饰蟠螭纹。

罐 春秋

1995年长清县（现济南市长清区）仙人台遗址M4出土

现藏山东大学博物馆

通高9.2、口径8.5、足径8.3厘米

　　扁腹球形。子口内敛，圆鼓腹，腹部有链式提梁，圈足。有盖，盖呈半球形，盖顶有一小鸟，作飞翔状，盖面有两环形纽，与提梁相连，使盖与器身不能脱离，只能掀起。盖顶及腹部饰蟠螭纹，并间有乳丁纹。

罐 春秋

1995年长清县（现济南市长清区）仙人台遗址M4出土

现藏山东大学博物馆

通高6.9、口径7.5、足径7.3厘米，重0.445千克

子母口带盖。器为子口，鼓腹，无底，圈足，双耳位于上腹部近口沿处，对称分布，半环形。盖为弧顶，盖沿下延作母口，正中有一略近长方形的穿孔，盖顶有三道绳索捆扎痕迹。盖素面，器上腹部饰极简化的变形龙纹。

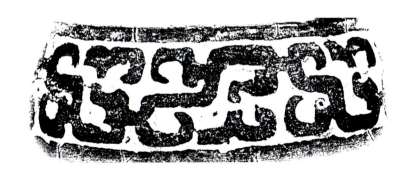

罐 │ 春秋

1968年平度县（现平度市）韭园村出土

现藏平度市博物馆

通高10、腹直径11、圈足高1.5厘米，器盖高3厘米

　　器口沿内折承盖，扁圆腹，圜底近平，带圈足，肩部有两个耳环。弧顶盖，盖沿与器口沿外部相合，盖上高浮雕飞鸟纽和两条对称螭龙及六条游龙图案，盖的边缘有两个对称纽环。腹部有高浮雕十六对两龙相交图案。

罐 | 春秋

2009年枣庄市峄城区徐楼M1出土（M1∶3）

现藏枣庄市博物馆

通高8、提链通高20、盖径5.2、器口径5.2、底径4.8厘米，重0.271千克

　　子母口带盖带链。器口微侈作母口，圆唇，束颈，扁鼓腹，平底，腹上部有一对称半环耳，衔提链环，提链的每端由一个8字形环和八个圆环相衔构成，上部有一环相连，顶部环上有一可转动的纽，衔提链上端的两环。平盖，盖沿略内折呈子口，盖顶中部立有一只展翅欲飞的鸟，两侧各有一半圆形纽衔一环，提链穿于其中，盖沿下面有一周凹槽与器口相扣。

罐 | 春秋
1978年沂水县刘家店子墓地出土
现藏山东省文物考古研究院
通高9.5、通宽13、口径7.8、足径9.5厘米，盖径9厘米

　　器方唇，口内折形成浅凹槽，扁圆腹，平底，矮圈足，口部有两对称小环耳。弧顶盖，边沿置于器口凹槽上。器盖上原也应有环形纽，残缺，有提链，为中部弓形提梁以圆环接两侧的8字形柄，提梁断裂。器身、器盖饰简化的波带纹。

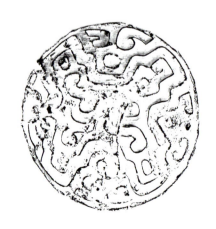 

166

罐 | 春秋
2002年枣庄市东江村小邾国贵族墓地M3
出土
现藏枣庄市博物馆
通高8、提链通高24、口径8、腹深5.5厘米

子母口带盖带链。子口内敛，鼓腹，平底，圈足，肩部附一对环形双耳衔接十二节提链。平盖，盖沿下折作母口。腹饰蟠蛇纹。

罐 | *春秋*
1981年诸城县（现诸城市）都吉台墓地出土
现藏诸城市博物馆
通高7.9、口径7、底径6.9厘米，重0.5千克

　　子母口带盖带链。敛口，口内折作子口，浅鼓腹，平底，矮圈足，底部出阶，盖面微隆，盖沿下折作母口与器口扣合，腹部对称处铸双耳，双耳连提梁，提梁索穿过顶盖铜环。盖中心处饰环形纽，盖两侧对称双耳，耳中穿铜环（一环缺失）。腹部外侧饰一周重环纹。

罐 春秋

1982年临沂市凤凰岭春秋墓出土
现藏山东省文物考古研究院
通高6、通宽9.8、口径5.3厘米

敛口，圆唇，圆鼓肩，鼓腹，平底，肩部有对称两耳。未见盖。肩部、上腹部饰蟠螭纹。

罐 春秋

1975年莒南县大店墓地出土
现藏山东省文物考古研究院
通高6.5、通宽8.5、口径4.9、
底径4.3厘米，盖径5.5厘米

小直口作母口，肩稍鼓，圆腹，下腹内曲，平底，带极矮的圈足。平顶盖微隆，盖沿内折作子口，盖中央有一小环纽，盖边缘有两对称的横置小纽，与器上的两纽相对应。肩部一周纹饰，为小三角纹。

罐 | 春秋
2012年沂水县纪王崮墓地出土
现藏山东省文物考古研究院
通高8.2、口径5.4、底径4.2厘米

　　子母口带盖。器近直口，圆肩，鼓
腹，平底。平顶盖，盖面中部有一环纽，
两侧有对称的竖耳，与肩部的两耳相对
应。肩部饰三角纹，上腹饰蟠虺纹，下腹
横向鳞纹，盖面饰一周蟠虺纹。

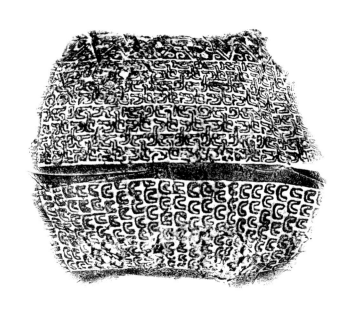

双联罐

春秋

2002年郯城县大埠二村出土（M1：11）

现藏山东省文物考古研究院

通高9.4、口径13.8、底径7.4厘米

　　作两罐联铸，带盖。器口微敛作母口，方唇，腹部一面鼓，背面平，平底，两罐相接处正面有凹口，口沿两侧各横置一半圆形耳。盖微隆，口内折作子口，盖中部有一环形纽，盖两侧亦横置半圆形耳，与器物口沿上的耳相对。两罐联腹间饰一龙形装饰，器身素面。

<table>
<tr><td>编钟</td><td>*春秋*
1978年海阳县（现海阳市）嘴子前村出土
现藏海阳市博物馆
同出7件，2件镈钟，5件甬钟
镈钟：M1：48：通高42.7厘米；M1：49：通高39.6厘米
甬钟：M1：50：通高31.6厘米；M1：51：通高29.4厘米；M1：52：通高31.8
厘米；M1：54：残缺，残高24厘米；M1：53：通高23.2厘米</td></tr>
</table>

　　镈钟：形制基本相同。平口，铣部微鼓，平舞，长方形纽。枚为凸起圆纽状，上有涡纹。篆饰双首卷身龙纹。鼓部正中有两个双线圆形图案，内饰小圆点，圆形图案两侧各有一回首长尾的龙纹。舞部的纹饰以纽为界分为两部分，每一部分为两龙相对。

　　甬钟：合瓦形，平舞，素面，甬中空，纹饰不完全一样。M1：50和M1：52基本相同：枚为圆纽状，上饰+形图案，篆间为卷云纹。鼓部为两龙纹回首相对。M1：51的鼓部纹饰在两龙纹外侧另加卷云纹装饰。M1：53枚上的图案似为涡纹，篆间为重环纹。

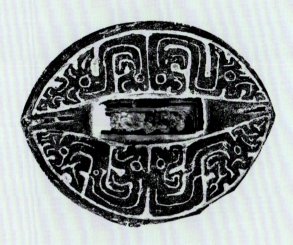

M1：49

M1：50

 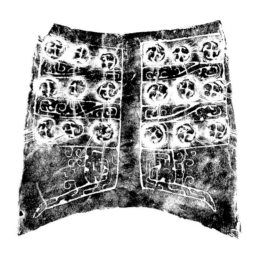

镈钟

春秋

1978年沂水县刘家店子墓地M1出土（M1∶58）

现藏山东省文物考古研究院

通高41.5、通宽25、铣间31.3、鼓间22.5、舞长25、舞宽20、

纽长10、纽高8.5厘米，重13.605千克

　　瓦状平口，铣部略鼓，平舞，方形弧角扁平纽。圆形枚，中有凹窝。钲间篆带饰夔纹，鼓部饰夔纹，舞部饰变形窃曲纹，纽两面均饰窃曲纹。同出6件，形制相同，大小相次。

镈钟

春秋

1975年莒南县大店墓地出土

现藏山东省文物考古研究院

通高39.5、铣间28.3、鼓间22.3、纽高6.8、舞长22.8、舞宽18厘米

合瓦形，铣部稍鼓，平舞。每面左右各有三排枚，每一排各三个圆纽状枚。每排枚之间的纹饰带由两卷龙纹组成，龙身为云雷纹。鼓部的纹饰也是卷龙纹，龙身以云雷纹表示，龙首简化。舞部也是卷龙纹，龙首简化，龙身也是云雷纹表现。

镈钟

春秋

2012年沂水县纪王崮墓地M1出土

现藏山东省文物考古研究院

一套4件，形制相同，大小递减

通高42.5～51、纽高8.1～10.5、舞长25.4～30.8、舞宽19.7～25.2、

铣间30.2～38.6、鼓间21.9～29.5厘米

　　合瓦形，上窄下宽，两侧微向外鼓，铣间微鼓，平舞，纽为桥形，中间有桥形孔。钲部有枚三层，每层每面六枚。篆部饰龙纹，正鼓部亦饰龙纹。舞饰龙纹和鸟纹。

镈钟

春秋

1963年临朐县杨善镇出土

现藏山东省文物考古研究院

通高22、铣间14.2、鼓间11.8厘米

　　平口，平舞，舞上居中有环纽。每面有左右两列，每列由上下五行纹饰组成。纹饰为重圈的圆圈纹和夔龙纹交替分布。纹饰极浅。

甬钟

春秋

1995年长清县（现济南市长清区）仙人台遗址M6出土

现藏山东大学博物馆

通高22.5～66、铣间14.3～42.5、鼓间11.3～36.5厘米

　　合瓦形，上窄下宽，铣间为弧形。甬呈柱形，上细下粗，有旋，斡呈长方纽形，无环。钲部有枚三层，每层六枚，整钟共三十六枚。篆部饰蟠螭纹，正鼓也饰蟠螭纹，并有两个乳丁。舞部平，饰蟠螭纹。钟的内部边缘处，多处留有调音槽。同出11件，形制相同，大小相次。

甬钟

春秋

1954年邹县（现邹城市）千泉街道郭庄村出土

现藏邹城市文物保护中心（邹城博物馆）

通高33.3、甬长13、甬径1.5、铣间14、鼓间11、厚1.8厘米，重6.715千克

腔体偏长，两铣间成弧形，甬呈柱状，上小下大，甬上有旋及兽首幹，平舞。两面各饰枚六组，每组三枚。篆上有两周蛇纹，素钲无铭文，素鼓，舞上有交缠蛇纹。

甬钟

春秋

2012年沂水县纪王崮墓地出土

现藏山东省文物考古研究院

一套9件，形制相同，大小递减

最长者通高58.6、最小者通高32.1厘米

合瓦形，上窄下宽，两侧近直，铣间为弧形，甬呈柱形，上细下粗，有旋，干上下两侧呈直线，另一侧呈弧线，正视为长方形，舞部平。钲部有枚三层，每层每面六枚，整个甬钟共有三十六枚。篆部饰龙纹，正鼓部亦饰龙纹，舞饰卷曲的对称龙纹。有的甬钟内部下缘多处留有弧形凹槽，应是调音槽。

甬钟

春秋

1992年济南市章丘区小峨嵋山北侧出土

现藏济南市章丘区博物馆

通高46.2、通宽28.9厘米，重17.455千克

合瓦形，斜直铣，长甬。甬上细下粗，旋部有圆箍，平舞。柱状枚，计十八个。篆饰变形夔纹，鼓部饰变形卷云纹，甬上饰三组蟠虺纹，旋上饰三角雷纹，舞饰变形夔纹。同出4件，完整的2件，大小、形制基本相同。

纽钟

春秋

馆藏

现藏烟台市博物馆

通高26、通宽14.2、厚10.7厘米

　　合瓦形，上窄下宽，铣间弧形，长方形纽。条形乳状枚。钲部有长方形框五层，中间两层为篆部，纹饰不清，鼓部饰云雷纹。器身有铭"己侯乍和钟"。

纽钟 | 春秋
2012年沂水县纪王崮墓地出土
现藏山东省文物考古研究院
一套9件，形制基本相同，大小相次
通高13.1～24.3、铣间7.4～12.5、鼓间5.5～10.5厘米

合瓦形，上窄下宽，两侧微向外鼓，铣间为弧形，纽为长方形，中间有长方形孔，舞部平。钲部有枚三层，每层每面四枚，整个纽钟共二十四枚。篆部饰重环纹，鼓部饰龙纹，舞部无纹饰。

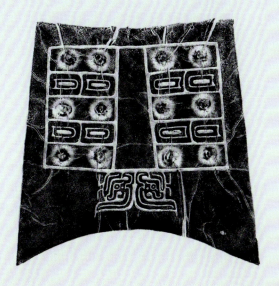

纽钟

春秋

1982年临沂市凤凰岭东周墓出土

现藏山东省文物考古研究院

通高12.8～23.5、铣间7.3～13.7、鼓间6～11.2厘米

　　瓦形口，铣部稍鼓，平舞，素面长方形扁纽。器身每面钲间两侧各有三行九个柱状枚。篆带、两鼓面、舞顶饰蟠螭纹。同出9件，形制相同，大小相次。此件为保存最好的一件。九件钟的钲间及钲两侧，原来皆有铭文，但是被错磨，仅见痕迹。

纽 | 春秋
钟 | 1975年莒南县大店墓地出土
现藏山东博物馆
同出9件，形制相同，大小递减
最大者通高26.9厘米，重30.12千克；最小者通高13.6厘米，重0.844千克

　　斜直铣，平舞，长方形纽，螺状纹，钲间篆带与舞顶皆饰蟠虺纹，两鼓面饰蟠螭纹。9件钟的正面钲间和两侧均铸有铭文，曰："隹正月初吉庚午，莒叔之（仲）子平自乍铸其游钟，玄镠镭铝，乃为之音。央央雝雝，聒于囗东，仲平善弦囗考，铸其游钟，以泺大酉，圣智龚囗，其受以眉寿，万年无囗，子子孙孙永保用之。"

纽钟

春秋

1995年长清县（现济南市长清区）仙人台遗址M5出土

现藏山东大学博物馆

同出9件，形制相同，大小相次

最大者（M5：60）通高24.6、铣间20.4、鼓间14.1厘米；

最小者（M5：68）通高13、铣间11、鼓间8厘米

合瓦形，上窄下宽，斜直铣，平舞，索形组。乳丁形枚，每组三个，共三十六个。钲部有长方形框五层，中间两层为篆部，饰云纹，铣间素面，正鼓部饰梯形纹，内填以云纹，正中心有一圆圈，舞部饰云纹。钟内壁有弧形调音槽。

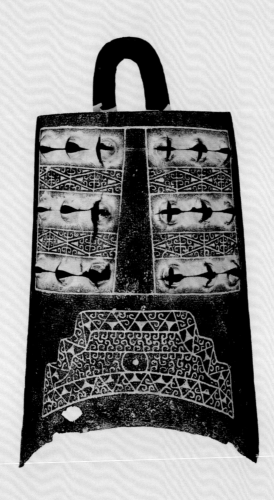

纽
钟

春秋

1963年临朐县杨善镇出土

现藏山东省文物考古研究院

现存5件

此件通高23.4、通宽18.5、铣间23.4、鼓间9.3厘米

　　合瓦形口，平舞，舞面居中有一环纽。钟正反两面各有左右两列、各五行纹饰，每列纹饰为圆圈纹和龙纹交替分布，圆圈纹为三个重环的圆圈组成，龙纹为双首龙纹。所有的纹饰均为极浅的阴线，较少见。

纽
钟

春秋
1978年沂水县刘家店子墓地出土
现藏山东省文物考古研究院
一套9件，形制相同，大小相次
通高12.5～22、铣间7.7～14.9、鼓间6.3～10.5厘米

　　扁椭体，弧形口，斜直铣，平舞，绚索状纽。满饰蟠螭纹，只有鼓部、铣
部未施纹饰。每件在空白处有铭文："陈大丧史中高作铃钟，用祈眉寿无疆，
子子孙孙永宝用之。"

下排右一：

纽钟

春秋

潍坊市临朐县寺头镇寺头村出土

现藏临朐县博物馆

一套9件，大小有序，依次递小，形制完全相同

大者通高18、舞长9.2、舞宽7、铣间11.5、鼓间8.5、重量1.3千克；

小者通高8.05、舞长5.1、舞宽4.1、铣间6.1、鼓间4.4、重量0.582千克

　　扁椭体，弧形口，斜直铣，平舞，绚索状纽。纽均圆角长方形，纽身较长，饰绚索纹，横截面作椭圆形，最小者纽缺失。枚如乳，正反两面饰蟠螭纹，舞、篆、隧部素面。

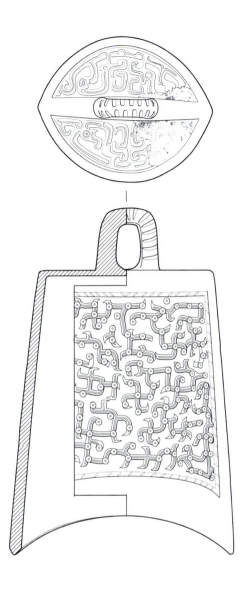

纽钟

春秋

郯城县大埠村征集

现藏郯城县博物馆

现存3件

最大者通高17.9、最小者通高13.5厘米

　　合瓦形，直铣，平舞，绹索状纽。鼓部、钲两侧均有浮雕状蟠螭纹，以绳索纹为界。表面有锈蚀。

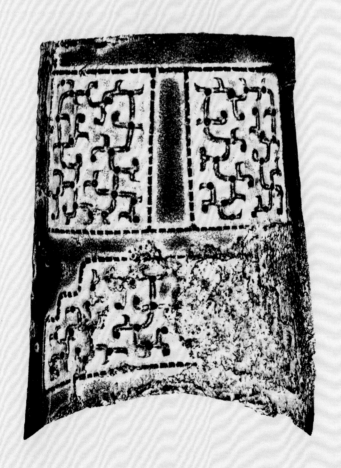

纽
钟

春秋
烟台市蓬莱区站马张家大队出土
现藏蓬莱阁景区管理服务中心
通高29、铣间18厘米

合瓦形，上窄下宽，铣间弧形，平舞，索状纽。乳状枚，居中有凹窝。钲部有长方形框五层，中间两层为篆部，纹饰为浮雕状蟠螭纹，舞部是卷云纹。

纽钟 | 春秋
2017年滕州市大韩墓地M43出土
现藏山东省文物考古研究院
一套9件，形制相同，大小递减
最大者通高23.7、最小者通高13.1厘米

　　合瓦形，上窄下宽，两侧微向外鼓，铣间为弧形，舞部平，纽为桥形，中间有桥形孔。篆部及鼓部饰双勾线蟠螭纹，舞部无纹饰。

钲 | 春秋
2012年沂水县纪王崮墓地M1出土（M1：3）
现藏山东省文物考古研究院
通高21.6、甬长7、铣间17.2、鼓间11.2厘米，
重2.585千克

　　合瓦形，有甬，甬中部有一近圆形穿，铙体较短宽，弧形口较阔。口部边缘饰一周云雷纹。

錞于

春秋

2012年沂水县纪王崮M1出土

现藏山东省文物考古研究院

同出2件，形制基本相同，大小稍有差异

M1∶1：通高40、口径23×20.5厘米，重
7.5千克

　　圆首，平口外撇呈椭圆形，圆肩，无
盘，束腰，顶部有索状纽。腰部有一宽条
带装饰。

M1∶1

M1∶2

錞于

春秋

1972年临沂地区（现临沂市）后明坡出土

现藏临沂市博物馆

通高34.7、肩宽19.5、纽高2.4厘米

平顶略凹，有盘，盘沿极低微，圆肩外鼓，肩以下圆曲内收呈束腰状，底口微外扩，盘中置圆形纽。器表腰部饰有垂鳞纹带和三角纹，内填变体兽面纹，纹饰磨损严重。余部素面无纹。器身有小孔。

錞于

春秋

1978年沂水县刘家店子墓地出土

现藏山东省文物考古研究院

同出2件，形制相同

通高49、纽高4.5、口径26×19厘米

　　器身横剖面作长椭圆形。平口外撇，圆首，圆肩，无盘，束腰，顶面略鼓，顶部有陶索状环纽。素面。

投壶

春秋

2012年沂水县纪王崮墓地出土

现藏山东省考古研究院

通高30.2、口径15.6、底径21.8厘米

中空筒形。敞口，方唇，卷沿，粗柄，柄、口交接处呈台阶状，喇叭形圈足，底缘稍有台座。口沿下饰窃曲纹，柄部窃曲纹与横向垂鳞纹交替分布，柄部的窃曲纹间饰四个乳丁状凸起，圈足为镂空窃曲纹。

剑 | 春秋
1965年平度县（现平度市）废品收购站征集
现藏山东博物馆
通长57.8厘米

　　剑身中线起脊，有格，扁茎。脊两侧从部刻铭
文十字："攻吾（吴）王夫差自乍其元用。"

剑 | 春秋
2003年新泰市周家庄墓地M11出土
现藏新泰市博物馆
通长46.8、通宽3.9、通厚0.9厘米

　　剑身修长，前三分之一处内收，线形脊，横截面呈菱形，扁茎无格，上有圆形穿，茎端稍残。扁茎两侧有范线。剑身铸有铭文二行十四字："攻吾王姑发者反之子通自作元用。"

剑 | 春秋
1991年邹城市朱山庄出土
现藏邹城市文物保护中心（邹城博物馆）
通长59.5、通宽5.8、茎长9.5厘米

　　剑身瘦长，脊呈直线，斜从而宽，前锷收狭，锋部尖锐犀利。剑首圆箍形，剑茎为圆柱形，有双箍，格作倒凹字形，较厚。剑格有兽面纹饰，当为镶嵌绿松石之用。剑从下部篆书铭文二行十字："攻吴王夫差自作其元用。"

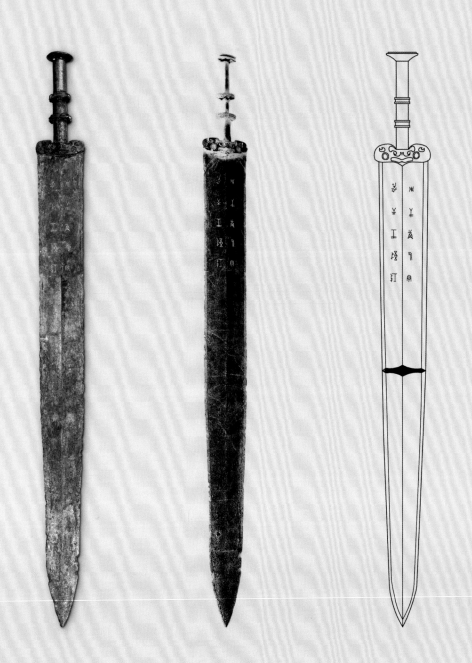

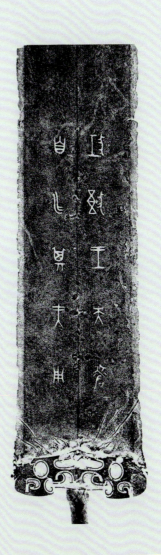

剑 | 春秋
1983年沂水县略疃村出土
现藏沂水县博物馆
通长30、通宽3～4厘米

　　剑身厚重，较宽，无格。凸棱状的脊，延伸
至剑柄处。剑身近柄部有铭文："工廉（攻吴）
王乍（作）元巳（祀）用口父（治也）江之台
（埃）。"铭文笔画纤细。剑首残缺，尖锋及刃使
用痕迹明显，其余部分光亮如新。

剑 | 春秋
1960年平度县（现平度市）东岳石遗址出土
现藏山东省文物考古研究院
通长61.7、通宽5.1、通厚2.4厘米

　　剑身修长，剑身前三分之一处稍内收，厚格，圆柄，圆首。剑身有菱形格暗纹，剑格镶嵌有绿松石，部分已经脱落。柄上有两凸箍，剑首有同心圆装饰。

剑 | 春秋
1999年青州市谭坊小赵庄村村民赵光全捐赠
现藏青州市博物馆
通长44.5、通宽8厘米

　　剑身宽短，长柄，尖锋，居中有三角形宽凹槽，内填纹饰。柄中空，上有线纹装饰。

剑 | 春秋
1978年海阳县（现海阳市）嘴子前村M1出土
现藏海阳市博物馆
通长26.8、通宽3.9厘米

器身宽短，锋锐刃利，中脊高起成凸棱，
无格，扁棱形柄，柄末残断。

ヒ
首

春秋
长岛县（现烟台市蓬莱区）大竹岛出土
现藏烟台市博物馆
通长26.5、刃宽2.8、刃厚0.5厘米

　　短身尖首，刃部截面为纺锤形，柄、格、
首部分饰镂空蟠虺纹。

匕首

春秋

1994年安丘市柘山镇东古庙出土，村民程玉光捐赠

现藏安丘市博物馆

通长28、通宽3、柄长8厘米

短身尖首，刃部截面为纺锤形，脊线不明显，镂空兽形柄。

铍 春秋

1994年海阳县（现海阳市）嘴子前村出土

现藏海阳市博物馆

通长24厘米

无茎，无首，身宽短，中脊凸起，近末端
两侧开有对称的凹口，可能为绑缚装柄之用。

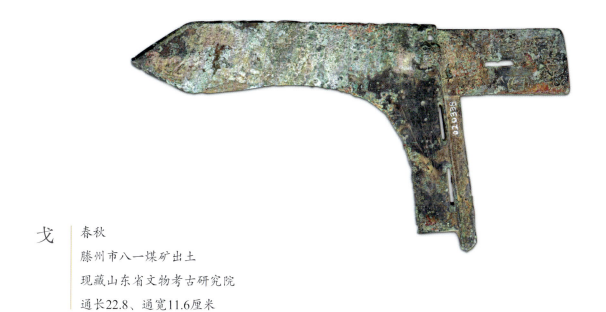

戈 | 春秋
滕州市八一煤矿出土
现藏山东省文物考古研究院
通长22.8、通宽11.6厘米

圭首，短援，上刃平直，下刃内弧，长条形
内，短胡，尾端平直，胡部三穿，内上一穿。阑与
内之间有一兽首。内正、反两面有九字铭文。

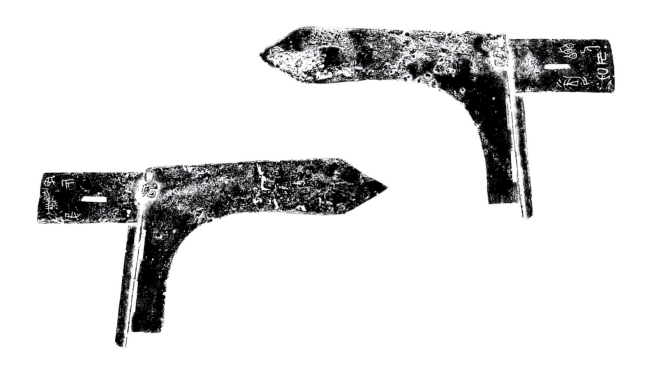

戈 | 春秋
1978年滕县（现滕州市）薛国故城遗址出土
现藏济宁市博物馆
通长21.2厘米，重0.234千克

　　尖锋，长援，圆角长方形内，末端有折
角，上有一长条形穿孔，短胡，末端平直，上
有三长条形穿。阑部有一兽首。胡部铭文一行
"薛国公子（商微）戈"。

戈 | 春秋
2009年枣庄市峄城区徐楼M2出土（M2：61）
现藏枣庄市博物馆
通长29、援宽3.8厘米，重0.335千克

　　尖锋，长援上扬，长方形内，上有一长方形穿，末端下有缺口，胡部阑侧有三长方形穿，上部援末端一穿较小。内上饰双线勾边纹。胡部两面铸有竖款五字相同铭文："鄅子妆之用。"

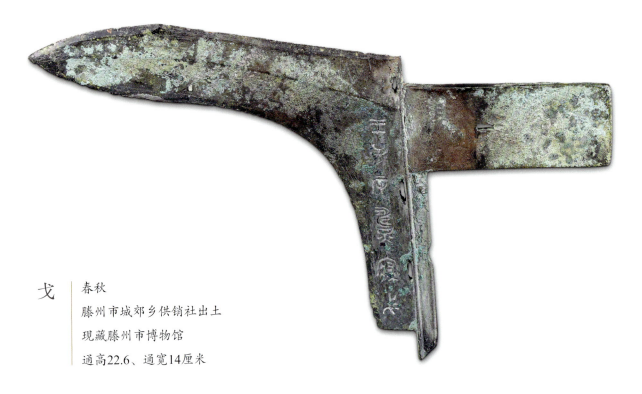

戈 | 春秋
滕州市城郊乡供销社出土
现藏滕州市博物馆
通高22.6、通宽14厘米

　　尖锋，援上扬，中部起脊，长方内，内有
一穿，阑侧边有三穿。阑侧铸铭文"王子反铸
寝戈"六字。

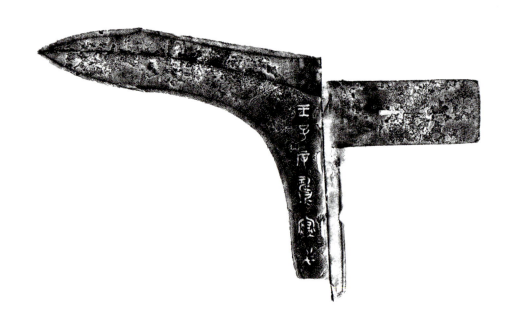

戈

春秋

1980年平邑县寨上村

现藏平邑县博物馆

通长19、援长12、内长7厘米

尖锋，援略上翘，无脊，刃内凹成弧线形，长方形内，胡较短。援部铸有铭文"鲁邑戈"。

戈 | 春秋
2002年新泰市周家庄墓地M3出土
现藏新泰市博物馆
通长21.8、援宽3.2、内长7厘米

援微上扬，无脊，横截面扁平，圆角长方形内，上有一穿，胡较长，下端平直，近阑侧两面有圆角方形凸起，阑侧三穿。援末端铸有铭文"公戈"二字。

戈 | 春秋

征集

现藏齐文化博物院

通长23.5、通宽14.5厘米

前锋圆钝，援较宽，援中部有数个长条、半圆镂孔，内呈长方形，前端有"圆帽钉"形穿，内尾端有大圆穿，短胡成锐角，上有二"╅"形穿，上、下出阑。穿前有单字"钟"铭。

戈

春秋

馆藏

现藏济南市博物馆

通长17.5、援长11.6、胡长3.8、阑长7.4厘米

扁平援部较宽，前端微上扬，内长方形较宽，后下端有一缺口，内上一长方形穿，短胡，阑侧两穿。胡上铭文四字："子备璋戈。"

戈 | 春秋
1987年新泰市城北锅炉检验所出土
现藏新泰市博物馆
通长18.7、内长6.2、内宽3厘米

尖锋，短援上扬，横截面扁平、长方形内，上有一穿，胡下端平直，阑侧三穿。胡部铸有铭文六字："淳于公之御戈。"

戈 | 春秋
1970年淄博市临淄区白兔丘村高侯墓出土
现藏齐文化博物院
通长18.7、援长12、内长6.7厘米

尖锋，援上翘，长方形内，上有长条形穿，长胡上有三长条形穿。近穿处有铭文"高子戈"。

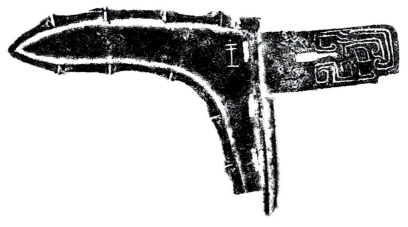

戈 春秋
2002年新泰市周家庄墓地M2出土
现藏新泰市博物馆
通长19.5、援宽2.7、内长6.9厘米

援较短直，中间较厚，两侧渐薄，长方形
内，微上翘，上有一穿。胡下端平直，援锋、
刃及胡呈竹节状，阑侧三长方形穿。内上两面
饰窃曲纹，后下角有缺口。援末端铸有铭文单
字"王"。

矛 | 春秋

1982年临沂地区（现临沂市）凤凰岭东周墓出土

现藏山东省文物考古研究院

通长30.7、通宽5.7、通厚3.2厘米，重0.373千克

长窄叶形，尖锋锐利，中腰两侧缘内弧，脊凸起成棱，骹略呈椭圆形，骹上一对穿圆形铆孔，尾部有半圆形双尾叉，骹中部直透脊部前端。通体饰菱形暗纹。此件矛保留木柲，矛身保存较好，只有刃部有少量使用残痕。

矛 | 春秋

2002年新泰市周家庄墓地M2出土（M2：11）

现藏新泰市博物馆

通长18.4、骹长5.6、銎口径2.2厘米

尖锋，三叶，锋末端略呈倒刺状，长骹，有两钉孔。中部铸有铭文"王"字。同出2件，形制、大小基本相同。

矛

春秋
滕州市庄里西墓地M47出土（M47：1）
现藏山东省文物考古研究院
通长18.1、通宽2.8厘米

长窄叶形，尖锋锐利，中腰两侧缘略内弧，脊凸起成棱，骹略呈椭圆形，骹上一侧有环纽，尾部内凹弧形，骹中部直透脊部前端。器身有卷云纹。

矛 | 春秋
1978年海阳县（现海阳市）嘴子前村M1出土
现藏海阳市博物馆
通长27.3厘米

　　形体宽大，双刃。两翼与骹部分体，以四道薄条相连。锋端圆钝，中起脊。骹为前细后粗的圆筒形，末端两侧设对称半环纽。原有红漆柲，尾端装镈。现銎内残存部分木质。

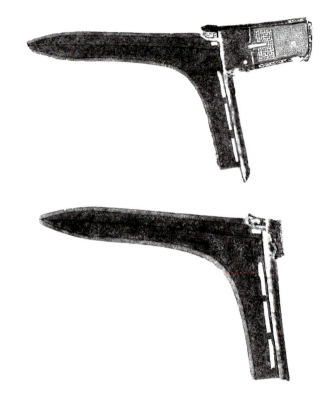

多戈戟

春秋
2002年新泰市周家庄墓地M3出土
现藏新泰市博物馆
由3件戈组成，自上而下渐小
最上端戈：残长23.7、援宽2.4厘米；
中间戈：残长16厘米；
下端戈：长15.3厘米

三件戈皆尖锋锐利，细长援上翘，中部脊线明显，横截面呈菱形，长胡，下端平直，阑侧有穿，顶端的穿为较小方形，其余为长条形穿。援、内结合处有鼻饰。

最上端戈：尖锋稍残，有内，内中部有长条形穿。内上正反两面饰蟠螭纹，周侧饰云纹。

中间戈：尖锋稍残，无内，胡、阑下部残，尺寸较小。

下端戈：无内，胡、阑下部残，尺寸最小。

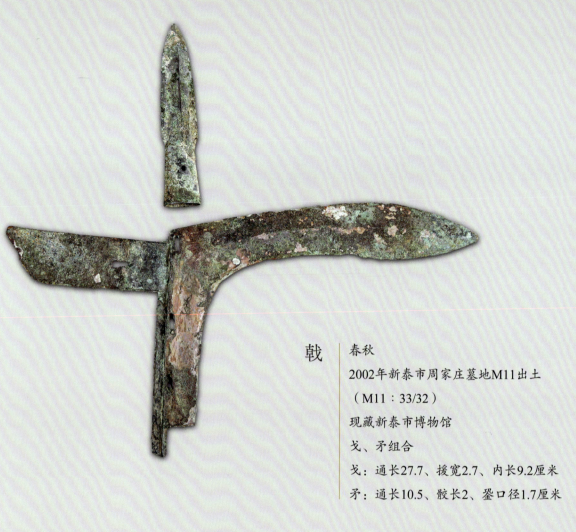

戟

春秋

2002年新泰市周家庄墓地M11出土

（M11：33/32）

现藏新泰市博物馆

戈、矛组合

戈：通长27.7、援宽2.7、内长9.2厘米

矛：通长10.5、骹长2、銎口径1.7厘米

　　戈窄长，援微上扬，中部起脊，横截面呈菱形，长内有刃，外端斜折，上有一穿，长胡下端平直，阑侧三穿。胡部有一字铭文。穿与穿之间有残有绳索绑缚痕迹。矛前锋横截面呈菱形，两翼较窄，有脊，脊两侧有血槽，骹贯穿至前锋，横截面呈椭圆形，上有一对穿圆孔。

车
軎、
辖

战国

2003年新泰市周家庄墓地M35出土（M35：28/26/29/27）

现藏新泰市博物馆

同出2组

軎：M35：28，通高17.4、外端径4.8、内端径7厘米；M35：26，通高17.2、外端径4.8、内端径7厘米

辖：M35：29，通高8、通宽2.2厘米；M35：27，通高7.8、通宽2.3厘米

　　軎整体呈塔形。軎身长筒形，呈十二棱状，外端封闭，軎身两侧有扁棱形刃，两扁棱在外端相交成塔状，中间一粗脊线，扁棱末端两刃齿上有对称圆穿，軎毂端有平折宽沿，沿外侧凸出为辖座，长条形辖穿。辖首呈弧形变体纽，首端、末端各一圆穿，辖座上在辖穿两侧各有对称小圆穿。素面。

车軎、辖

春秋
2012年沂水县纪王崮墓地出土
现藏山东省文物考古研究院
同出2件，形制、大小相同
通高8.8、内端径8.7、外端径5.1厘米，
均重0.771千克

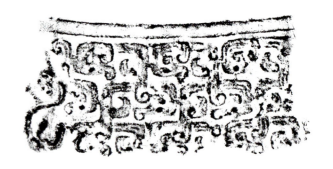

　　軎身呈十二棱状，中段有凸弦纹两周，軎毂端有平折沿，軎前端两侧各有对称的近圆形穿两个。条形辖，辖首与辖尾各有一圆形穿，与軎两侧圆穿相合。軎口外侧及軎身前段饰蟠螭纹。辖首、辖尾与軎身纹饰相接，辖首处饰兽面纹，其两侧对称饰有一蟠螭纹，辖尾处上方亦饰蟠螭纹，两侧对称饰有双角兽纹。

车饰

春秋

1973年莒南县文疃镇出土

现藏莒南县博物馆

同出2件，形制、大小相同

通长16.8、通宽6、中部宽3、尾长7、圆环直径4.9厘米

整体为鳄鱼伏于两方环之上，前方环附有一仰抬的龙首，被鳄鱼用口爪咬攫，后方环为双龙首形，被鳄鱼后爪抓攫，鳄鱼尾上翘呈小圆环状，内套一大圆环。通体饰篦点纹，两后爪处浮雕两蜷曲的蛇。

车饰

春秋

1985年日照县（现日照市东港区）

大炮楼村尼姑庵旧址采集

现藏日照市博物馆

通高7.7、通长18.5、通宽8.4厘米

　　整体为一鳄鱼伏于两方环之上，前方环附有一仰抬的龙首，被鳄鱼用口爪咬攫，后方环为双龙首形，被鳄鱼后爪抓攫，鳄鱼尾为卷曲龙形，龙口含龙尾，中间穿一圆形铜环，该铜环又与一铜环相连。器身遍布鳞片状纹饰。

车铺首

春秋

1978年滕县（现滕州市）薛国故城遗址M2出土

现藏济宁市博物馆

同出2件，形制、大小相同

通长17.5厘米，均重0.538千克

　　上部方形，饰透雕兽面纹及四个乳丁纹，三边有七穿，长条形凸脊柄，柄端有圆纽，纽上穿环。

车
器

春秋

1978年滕县（现滕州市）薛国故城遗址M2出土

现藏济宁市博物馆

通长34厘米

　　长条状，中部为长方形穿。两端棍棒状，一端置环，另一端作鸟首上昂
状。同出4件。

筒帽

春秋

1975年莒南县大店墓地M1出土

现藏山东省文物考古研究院

通长17.7、直径7.1厘米

筒状，末端封闭稍凸。近口端有两道凸棱，上饰短斜线纹。仅末端有三个均匀分布的凸字形素面区域，上各有一穿。其余部位满饰凸羽状纹，上均有短斜线装饰。出土时筒帽套在圆木棒上，木棒已朽。

盖斗 春秋
1975年莒南县大店墓地M1出土
现藏山东省文物考古研究院
通高13.2、通宽12.3、銎口径3.7厘米

　　蘑菇状，顶略凸，下接筒形伞柄，帽有方
形凿眼十四个。帽缘下饰蟠螭纹一周，伞柄饰
三角雷纹和凸羽状纹。

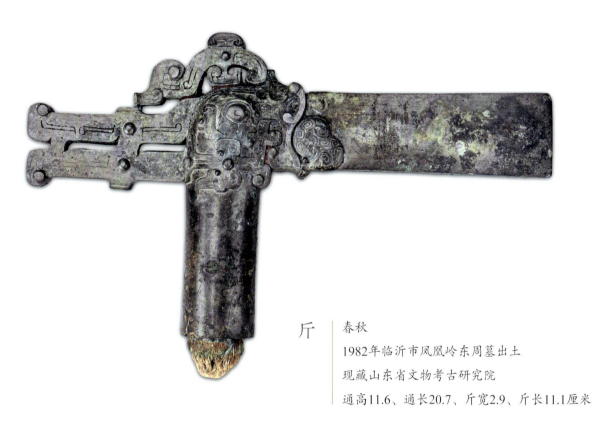

斤 春秋

1982年临沂市凤凰岭东周墓出土

现藏山东省文物考古研究院

通高11.6、通长20.7、斤宽2.9、斤长11.1厘米

凤首，有冠，鸟尾，刃部从凤嘴中吐出，刃部圆钝，椭圆形銎，銎内残存木柄。凤眼凸出，以浅浮雕和阴线纹饰结合方式表现凤身纹饰。造型奇特，制作精致，保存完好。

斤 | 春秋
1978年滕县（现滕州市）薛国故城遗址出土
现藏济宁市博物馆
通长17.4、通宽10.3厘米，重0.383千克

　　兽首，刃部呈兽首吐舌状，梯形双面刃，圆銎，銎口微齿形沿。銎上部饰涡纹一周。柄部一侧有"寿元"二字铭文。

斤 | 春秋
2009年枣庄市徐楼M2出土
现藏枣庄市博物馆
通长16、通高8、銎径1.4厘米

　　兽首，刃部呈兽首吐舌状，梯形双面刃，末端为八棱柱状，圆形中空銎。銎中部有一对穿圆孔，下部有一周凸棱，上饰绚纹。

削 | 春秋
1994年海阳县（现海阳市）嘴子前村出土
现藏海阳市博物馆
通长25厘米

　　弧背，内弧刃，厚背薄刃，扁柄，首部扁方体，两面均饰双交叉纹。

削 | 春秋
1978年海阳县（现海阳市）嘴子前村M1出土
现藏海阳市博物馆
通长22.4、通宽1.5厘米

尖锋，弧背，扁六棱形长柄，椭圆环形首。

箕 | 春秋
　　馆藏
　　现藏山东博物馆
　　通高9、前底宽28.5、后底宽13.3厘米

　　平底，呈前宽后窄状，两侧及后部有直
壁，两侧的直壁略外撇，后壁有龙形錾。直壁
外饰卷体夔纹。

柱

春秋

1995年长清县（现济南市长清区）仙人台出土
（M4：19）

现藏山东大学博物馆

通高48、底座边长15.8、底座高9.6厘米

　　下为方形底座，底座中心有一立柱，立柱顶端及中间各有一飞鸟，两鸟头的方向呈直角，镶有绿松石眼。底座上装饰有成排的乳丁纹和云雷纹。

罍形器

春秋
2009年枣庄市峄城区徐村出土（M1：4）
现藏枣庄市博物馆
通高12.8、腹径12.8、底径6厘米，
重0.718千克

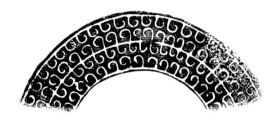

扁圆体，弧形顶，鼓腹，下腹弧内收，内空，内部平底，外底有一周矮凸棱。顶中部有一展翅欲飞的鸟，鸟身中部与底中部有一相对应的圆孔，顶及腹中部各饰一周云纹带。

带钩

春秋

1994年海阳县（现海阳市）嘴子前村出土

现藏海阳市博物馆

通长7厘米

　　整体形象为一引颈昂首的小兽，尾部回卷为钩。兽首宽耳圆目，大口露齿。兽身为侧曲体，有前后二肢，上饰装饰凹线。钩体略扁，正凸背平，背面设四只半环形小鼻，可供镶装革带之用。形象设计巧妙，保存较好。

牛头凤尾饰

春秋

1978年临沂市沂水县刘家店子春秋墓出土

现藏山东省文物考古研究院

通高12.6、通长29、通宽3.6厘米

　　整体作牛头昂首向前，曲颈，长身，长尾，镂空片状，仅牛头为圆雕。由于锈蚀较重，牛首上五官不甚清晰，牛角明显，弯曲如钩。身的表现分为上、中、下三部分，中部整体为一三角形内填折线、圆形镂孔，上下均为列旗状。尾部向后舒展，似迎风飘扬状。此饰件虽造型简洁，但是表现出较有朝气的动物形象。

兽形饰

春秋

1975年莒南县大店墓地M1出土（M1：36）

现藏山东省文物考古研究院

通高4、通长4.6、通宽2.9厘米

　　作卧伏兽形，中空，底有一圆孔，似为杖首。前首后尾，圆身，背有三个棘凸。首部目、口、鼻等清晰，呈浮雕状。兽身前部为鳞纹，后背和腹部为成组卷曲的粗阳线纹。同出3件，形制、大小相同。

书刻工具

春秋

1978年滕县（现滕州市）薛国故城遗址M2出土

现藏济宁市博物馆

齿锯：1号通长12.5、通宽5.4厘米；2号通长18、通宽4.5厘米，重101.9克

方刃刀：1号通长14.4厘米，2号通长13.8厘米

针：1号通长17厘米，2号通长27.5厘米，3号通长15.5厘米，4号通长13.2厘米

钻：1号通长9.6厘米，2号通长14.3厘米

削：1号通长30厘米，2号通长29.4厘米，3号通长23.5厘米，4号通长22.5厘米，5号通长22.5厘米，6号通长15厘米，7号通长13厘米

锛：1号通长10.9、通宽3.2、銎径3.7×1.6厘米；2号通长8.7、通宽2.4、銎径2.7×1.2厘米

斧：通长9、通宽4.2、銎径4×2.2厘米

凿：1号通长12.4、銎径1.3×1.2厘米；2号通长15.3、銎径1.7×1.5厘米；3号通长16.8、銎径1.7×1.8厘米；4号通长21.8、銎径3×1.4厘米

　　书刻工具包括刀、削、针、凿、锯等27件，是全国唯一一套保存完整的书刻工具。

　　齿锯：长方形薄片状，两长边都有锯齿，一边为斜齿，一边为正齿，其中一锯一侧边有斜齿。

　　方刃刀：刀体呈长条形，断面呈梯形，顶端略窄，斜刃扁平呈长条形，顶端窄，刃端宽，弧刃。

　　针：针体细长，球形帽，圆柄，三棱状尖锋。

　　钻：Ⅰ式1件，四棱长条状，断面作梯形，倒山字形尖锋。Ⅱ式1件，三棱长条状，断面作三角形，倒山字形尖锋。

　　削：Ⅰ式3件，内弧刃，后背略弓，斜锋，扁圆柄，椭圆形环首。Ⅱ式2件，直刃，直柄，环首圆形。Ⅲ式2件，直背外弧刃，片状柄，长方形柄首。

　　锛：单刃，刃略弧，刃上部有两道凹槽，长方形銎，銎部有穿孔，其中銎一侧有一环纽。

　　斧：双面刃，长方形銎，銎口下一周凸弦纹，弦纹下有一穿孔。

　　凿：Ⅰ式2件，长条状，体呈单斜面柱状，上宽下窄，腰略束，单面刃，刃部呈弧形，銎部有一穿孔。Ⅱ式2件，体扁平，中部内凹，单面刃，或长方形銎，銎部有一周凸棱，凸棱下有三角形穿，或方銎，銎部有一穿孔。

齿锯

磨石

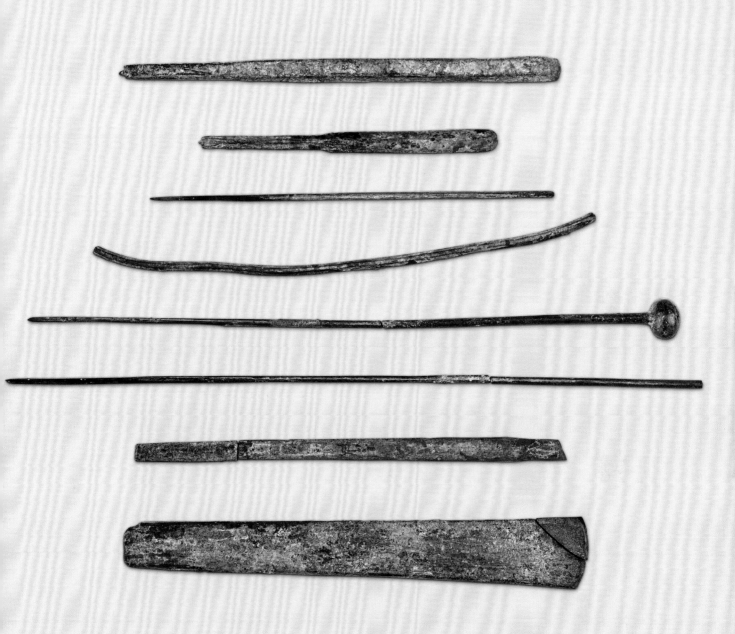

方刃刀、针、钻

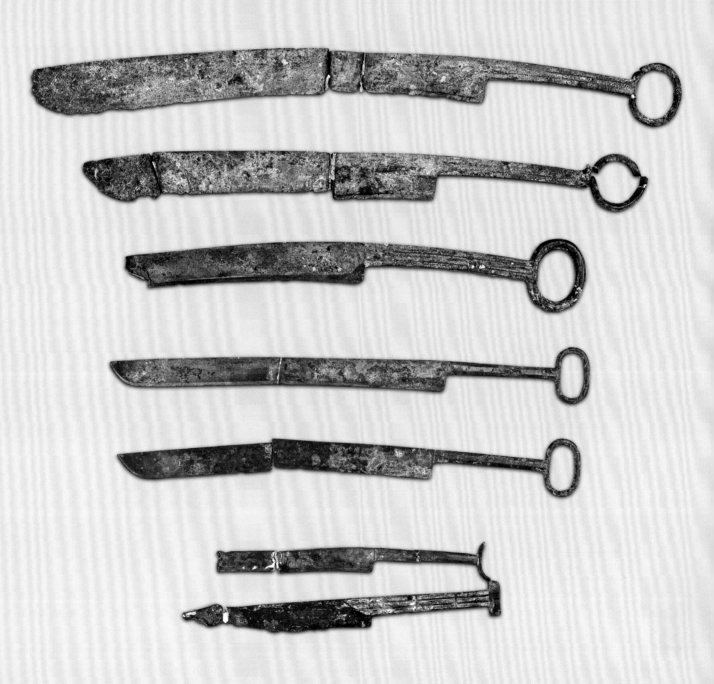

削

锛、斧

凿

锁 春秋

1975年莒南县大店墓地M1出土

现藏山东省文物考古研究院

通长16.2、通宽8.3厘米

居中为双翼兽并列，浮雕状，中一上下贯穿的圆孔，外镂三角形小孔。兽口和翼外侧均有圆孔、衔轴。轴可上、下移动，轴头盘龙状。